少女たちの裏稼業

性の切り売りをする女子児童たち

Underground business of underage girls

石原行雄

text by Yukio Ishihara

彩図社

はじめに

「援助交際」という言葉が世間の耳目に触れるようになり、早くも四半世紀が経った。今や援助交際という名の「アマチュア女性による売春」は、完全に社会に定着したと言ってよい。

そんな今、メディアではここしばらく「ＪＫビジネス」というものが取り沙汰されている。女子高生が客に対して性的ニュアンスを多分に含んだマッサージをする「ＪＫリフレ」や、店で働く女子高生を客が店外へ連れ出してデートや性的行為に及ぶ「ＪＫお散歩」などの業態が、これに当たるとされている。

しかし、いずれも実態は、多くの告発や報道とは大きくかけ離れている。おおむね２０１５年以降、ＪＫリフレやＪＫお散歩に分類される店に、18歳未満の少女を雇用しているところは基本的にないからだ。在籍するサービス員の女性は、基本的に高校卒業以上の年齢であり、つまりは、お水にでも性風俗店にでも合法的に勤務できる女性たちが、単に「女子高生のコスプレをして働いている」に過ぎないのである。

もちろん、本物の女子高生や、その歳のフリーターを置いている店舗もないわけではない。しかし、それはＪＫビジネスに限らず、キャバクラやスナック、ファッションヘルス、ソープランドといったほかのお水やフーゾクの店でも同じこと。お水や性風俗業界のあらゆる業態で、違法な雇用をする店は常にあり、しかしそれは例外的な一握りの事例に過ぎないと言える。

では、女子高生が青い性を売りにして稼ぐことはなくなったのか？

――もちろん、なくなるはずがない。ＪＫビジネスが真のＪＫビジネスとして全盛を誇った時代はもちろん、それ以前にも、そしてＪＫビジネスが言葉だけのものとなった現在も、少女たちは自らの性を切り売りすることで多額のカネを手にし続けている。

いや、むしろ少女たちにとっては、今こそが稼ぎどきでさえある。

これには大きく３つの理由がある。

一つには、デジタル機器やＩＴの進化による、出会い方とコミュニケーション手段の多様化。

もう一つには、児童買春・児童ポルノ禁止法の施行と改正（厳罰化）による、18歳未満の性のプレミアム化。

そして、既に援助交際が当たり前のようにある社会に生まれ育ったことによる、今現在の少女たちの性意識や貞操観念のありよう。

そうしたものを背景として、今の少女たちは、思春期ならばこその好奇心や暴走気味な性欲に後押しされながら、親をはじめとした周りの大人たちの目を盗み、ＩＴツールをフル活用して、自らの性に値札を付けて売りさばき、少なからぬ〝お小遣い〟を手にしているのである。

しかも、この四半世紀であらゆるものが進化したように、この20数年で援交も大きく進化し、先鋭化した。

では、その実態は？

具体的なその手口は？

また、なぜ少女たちはカラダを売るのか？

そのときの彼女たちの心の揺れ動きは？

そして、そうした少女たちの行く末は……？

本書は、それらの疑問に答える形で、現在進行形の少女たちのセックスと金銭の関係を明らかにし、少女を取り巻く黒い誘惑と現代社会の闇に迫るものである。

本書に記されているものは、いずれもシーンの最前線で、今この瞬間にも実際に行われているものである。

「まさか、あの子が」

「うちの子に限って」

そんな手垢にまみれたフレーズを、この現実を前にして、つい口にしたくなるかも知れない。

特に、年頃の娘を持つ親にとっては、にわかには信じがたく、目を背けたくなるものでもあろう。

しかし、見て見ぬふりをしても問題が解決するはずもない。実態を認めることこそが、問題解決の第一歩に違いない。本書を一つのきっかけに、この現実と真っ正面から向き合っていただくことを願うものである。

なお、本書に登場する人名は、基本的にすべて仮名とした。

また、本書の記述に対する〝証拠〟となる画像やURLなどは、一切掲載していない。児童ポルノや児童売春にまつわる要素を多分に含むからである。

もし、どうしても確認の必要を感じるのであれば、各自が自己の責任において、検索サイトなどを用いて検索し、確かめていただきたい。残念なことに、一般的な検索エンジンに関連ワードを入れて検索するだけで容易に、恐ろしいほど大量の関連サイトやアカウントを発見できることだろう。

もちろん、筆者ならびに編集部としては、検索や閲覧を推奨するものではない。

また、それらの作業によって行き当たった画像や動画を、ハードディスクやメモリなどへ保存したり、あるいはアカウント主である少女らにアクセスして直接やり取りをしたりするようなことは、絶対にしてはならない。児童買春・児童ポルノ禁止法に触れる可能性が極めて高いからである。

万が一、そうした行為によって逮捕されたり、トラブルに巻き込まれたりするなどの不利益を被っても、筆者ならびに編集部は一切の責任を負わないことを、あらかじめご了承いただきたい。

少女たちの裏稼業 ～性の切り売りをする女子児童たち～ 目次

【第２段階】エロ写メ／動画の販売 *45*

【第３段階】使用済み下着の販売 *65*

【第4段階】援助交際の開始 87

【第7段階】犯罪的手口の開始 155

【最終段階】その先にあるもの 179

※カバーや扉など、本書に使用した写真はすべてイメージです。

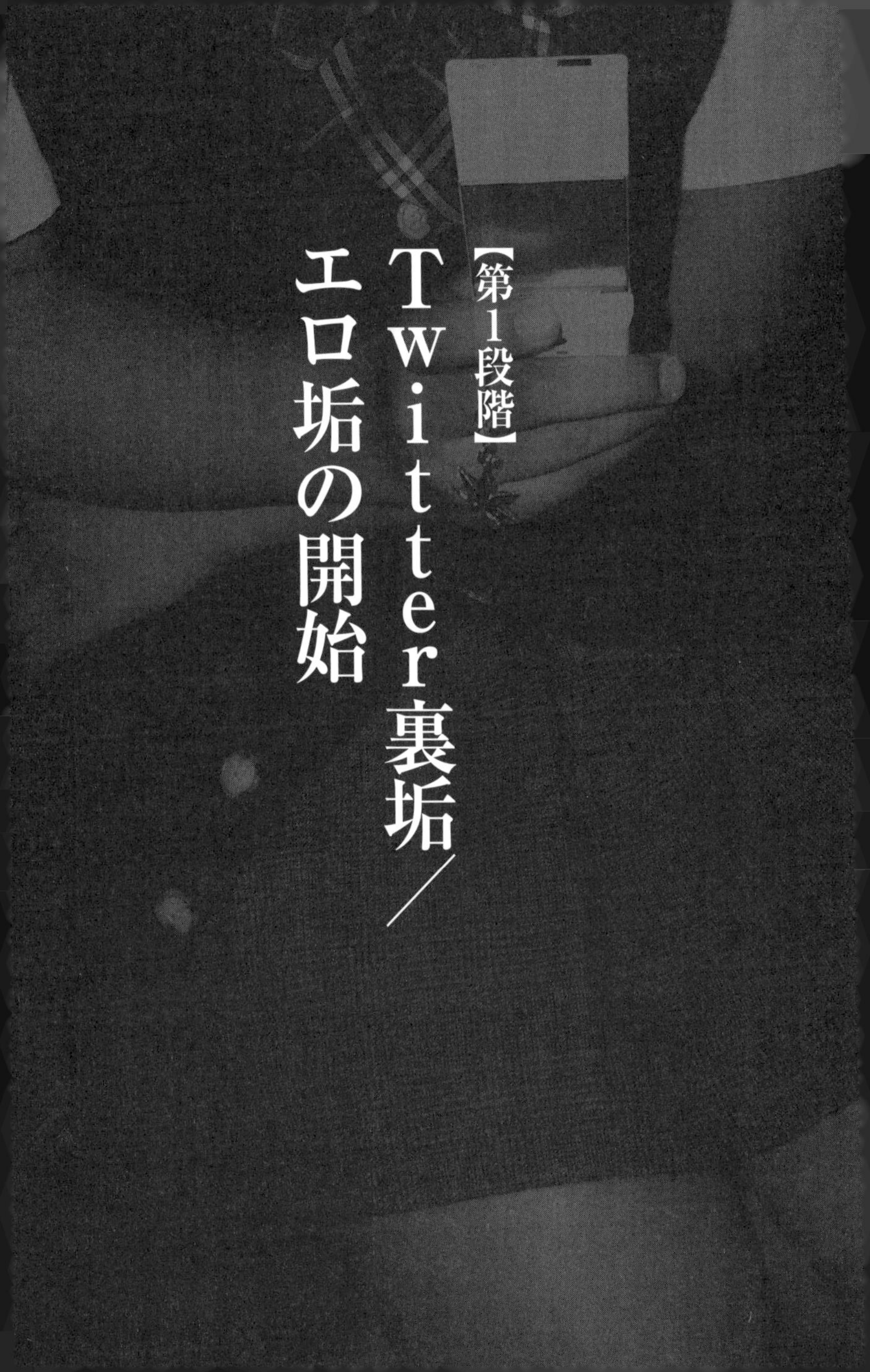

【第1段階】Twitter裏垢／エロ垢の開始

女子小中高生による無料花電車

「やったー！　新記録！　前に5本 後ろに2本入ったよー！」

これは、とある少女のTwitterアカウントに掲載されたツイートの一つ。

ツイートに添えられているのは、1枚の画像。おむつ替えのようなポーズで開脚した女性の陰部のクローズアップ画像である。構図などから判断するに、この画像は誰かに撮られたものではなく、自撮りによるもの。

この画像、問題なのは全裸で撮影されている点。しかも、モザイク処理などは一切なし。つまり、性器も肛門も丸見えなのである。

いや、それよりもさらに問題なのは、膣口にサインペンやボールペンが5本、肛門には同じくペン類が2本、挿入されていること。

カラフルなプラスティック軸のペン類は、例えばコンドームなどで包まれて衛生的に挿入されているわけではなく、剥き出しのままで差し込まれている。また、粘膜からの分泌液だろうか、あるいは挿入しやすいようローションなどが塗布されたのか、ペン軸や局部の肌のそこかしこには透明の粘液がまつわり付いている。その様子は、マニア向けのアダルト画像を遥かに凌駕する猥褻さと言えよう。

これほどの過激な無修正画像が、万人の目に容易に触れ得る状態で、ツイッター上にアップされているという、それだけでも大きな問題には違いない……のだが、決定的かつ深刻な問題は、この画像を自ら撮影し、ツイッター上で公開した者の素性にある。

このツイートの主であるアカウントのプロフィール欄を見ると、「ＪＣ２／Ｂかっぷ／えっち大好き」とある。ＪＣとは「Ｊ＝女子」、「Ｃ＝中学生」の略。つまり、ＪＣ２とは、中学２年生を意味する。別のツイートに貼り付けられた画像には、学校生活のあれこれを写したものも多く、それらを見る限りでは「ＪＣ２」であることに嘘はなさそう。

——ということは、つまり、「前に５本 後ろに２本」入った画像は、ただ単に過激なだけではなく、児童ポルノということになる。

中学生の少女が、陰部を露わにしたうえで、それを自ら撮影し、インターネット上へアップロードしているわけだ。

＊

これは小中高生の子供たちの間で今、ツイッターを舞台に大流行中の「ウラアカ」や「エロアカ」と呼ばれるもの。「裏アカウント」や「エロアカウント」を略したうえで当て字を当てて、「裏垢」、「エロ垢」と表記されることが多い。

ネット上だけの裏の顔

ツイッターの裏垢は本来、ちょっとした愚痴や仲間うちの悪口などをつぶやくために編み出されたもの。いわゆる「毒吐き」用というやつである。近しい人物への悪口などもツイートすることが多いため、匿名で行われたのがその始まり。

エロ垢はそのアレンジ版で、猥談やエッチな妄想を好きなようにぶちまけるために考え出され、広まったもの。裏垢と同じく、友人や知人、家族などの近しい者に知られることを避けるため、個人を特定されないように匿名でされるのが基本。

コミュニケーションツールであるSNSは、使い込むほど、しばしば人間関係でがんじがらめになりがちなのだが、そうして息の詰まる中でも素性を隠して使えばストレスを発散できるということで、裏垢／エロ垢の人気が高まったものと思われる。

若年層の間では特に、ツイッターは必需品とも言えるレベルにまで普及しているため、本音をさらけ出してガス抜きをするには、実生活でトラブルを生じないように、匿名でする必要があるわけだ。

……が、この裏垢／エロ垢がエスカレートして今、女子小中高生の間で、自ら児童ポルノを濫《らん》造《ぞう》・公開するツールとして大人気を博しているのである。

実際、パソコンでもスマートフォンでも、検索サイトへアクセスし、「Twitter」や「ツイッター」という単語に、「裏垢」、「エロ垢」、「裏アカ」、「エロアカ」、あるいは「うらあか」や「えろあか」、さらには「エッチ垢」や「えっちあか」……などのワードを組み合わせながらサーチをすれば、少女の手による裏垢／エロ垢が、200や300はあっという間に見つかってしまう。

裏垢／エロ垢は女子児童のほか、成人女性や男性がやっているケースもあるのだが、前記の検索ワードに「JS」（女子小学生の略）や「JC」、「JK」（女子高生の略）などのワードを加えて検索をすれば、小学生／中学生／高校生の少女によるものに絞り込まれ、それだけでも膨大な数のアカウントを確認できる。

筆者の確認した限り、最年少は小学4年生。文字どおり「ろくに毛も生え揃っていない」子供である。そんな小学生女児までが、自らの陰部をスマホやゲーム機のカメラで撮影し、ネット上で不特定多数へ向けて公開しているのだ。

しかも、例外的な数名の小4女児だけがやっているのではない。しかるべき方法でネット検索をすれば、すぐに10や20では利かない数の小4女児による裏垢／エロ垢が発見できてしまう現実がある。

それほどに今、小中高生が自ら裸体や局部や自慰姿などを画像や動画に撮り、不特定多数へ向けて公開する〝エッチな遊び〟が大流行しているわけだ。

――つまりは今、ツイッター上は児童ポルノまみれなのである。

少女による少女のための児童ポルノ

さて、「児童ポルノがネット上に氾濫《はんらん》」と書くと、「何を今さら」と思う読者もいるかも知れない。しかし、この裏垢／エロ垢現象は、これまでに世を騒がせたネット上の児童ポルノ問題とは、根本的に大きく異なる。

大きな違いは2つ。

①ツイッター上で行われている点
②子供たちが自発的に撮影・公開している点

それぞれ詳しく見てみよう。

①ツイッター上で行われている点

出会い系やマニア掲示板のような〝いかがわしい〟サイト上ではなく、もはやＩＴインフラとも呼べるまでに普及したツイッターを舞台に行われているのが、この現象の一番の特徴。

つまり、誰でも容易にアクセス・閲覧できるのである。別の言い方をするなら、不特定多数へ向けて児童ポルノが発信されている、とも言える。また、ツイッター上で行われるため、基本的に無料でもある。

そのため、見るつもりがない者でも、例えばツイッターを開いて自分のアカウントからフォローやリツイートなどをたどってゆくうちに、いつしか裏垢／エロ垢に行き着いてしまい、見たくもない児童ポルノを目にしてしまう危険性さえあるわけだ。

ネット上でも、ペドフィリア（児童性愛者）へ向けて児童ポルノが発信される事件は、これまでにも度々あったこと。しかし、誰彼かまわず無差別に児童ポルノが連射される事態は、このツイッター裏垢／エロ垢現象が初めてのことと言ってよい。

②子供たちが自発的に撮影・公開している点

無差別に発信される児童ポルノの画像や動画は、そのうえ恐るべきことに、何と子供たち自身の手で撮影され、公開されているものなのである。

「流出」や「リベンジポルノ」によるものではない。ましてや誰かに強要されているのでもない。子供たち自身が自らの意思で、積極的に、楽しみながら、自らの裸体や陰部や自慰行為などを撮影し、ネット上へアップロードしているのである。

これには、スマートフォンなどのＩＴ機器が、子供たちの間で普及したことも大きい。スマホのほか、携帯ゲーム機のニンテンドー３ＤＳや、親の所有するタブレットＰＣで裏垢／エロ垢に興じている子供も少なくない。要するに、カメラ機能と通信機能さえあれば、誰にでもできてしまうのである。

子供たちは、極めて大きな好奇心と柔軟な発想力とで、そうしたＩＴ機器を（多くの場合、親や教師よりも）器用に使いこなしながら、まさに〝遊び感覚〟で自らの性器や性的行為を、世界へ向けて発信している。

大人たちが「児童ポルノだ、いや表現の自由だ」などと国会やメディアでモタモタと議論をしているそのスキに、児童ポルノの被写体である当の子供たちが、自身でせっせと〝児童ポルノ〟を量産し、バラまいているのが現実である。

局部を見せたがる少女たち

以上、２つの特徴を見るだけでも驚愕すべき現実なのだが、この現象にはさらに恐ろしい点がある。

——画像や動画の内容である。

子供たちがアップロードして楽しんでいる画像や動画は「ヌード」などという生やさしいものではない。とことん過激でエゲツないものばかりなのである。

ざっと例を挙げるだけでも、

・開脚したうえで、陰部を自ら指で広げて内側の粘膜を露出する（これは子供たちの間では「くぱぁ」と呼ばれ、裏垢／エロ垢では基本とされているポーズ）。

・陰核をいじったり、膣口や肛門へ指を挿入したりしての自慰姿を撮る（プロフィールに「処女」とある子でも、膣へ複数本の指を挿入しているケースも珍しくはない）。

・その指を膣から抜き、粘液が糸を引く様をクローズアップ。

・よつんばいになり、スマホを持った手を伸ばして、後ろから性器と肛門を接写（よつんばいになって裸の尻を姿見に後ろから映し、それを間接的に撮影する知恵者も)。

・ただでさえ薄い陰毛を剃り上げて「パイパン」(という言葉を少女たちは好んで使う)にしたうえで、陰部をくぱぁ。

・サインペンをはじめとする棒状の物を膣に挿入して撮る(プロフィール欄に「処女」と記している子でも2本、3本と複数挿入。冒頭の中2少女のように、5本とか8本とかと限界にチャレンジする子供さえも)。

・肛門にもペン挿入。

・前後両方の穴へ同時にペン挿入(前後ともに複数本挿入しているケースも多い)。

・自慰行為(自宅の自室を基本に、校内や公共のトイレ内でして見せるケースも)。

・膣や肛門へペン類のほか、コスメや菓子類の円筒タイプの容器をペニスに見立てて挿入したり、出し入れをしたりして、それを撮影。

・校内や自宅の庭などの野外で、胸や局部を露出。

・トイレや風呂場での放尿姿（これは動画で公開している子も多い〝人気コンテンツ〟。野外でする「野ション」や、着衣のまま放尿する「おもらし」、ペットボトル内へ放尿したうえでボトル内へ溜まった尿を見せつける、などの過激行為も）。

……いかがだろうか。マニア向けの成人ポルノも真っ青の内容がズラリである。

放尿姿を披露するのは、少女の取り巻きとなるペドフィリアにはもちろんのこと、少女たち自身の間でも大人気のようで、普通にしゃがんで放尿する姿を見せるほか、よつんばいになったり片方の足を上げたりして陰部や肛門を大きく露出したうえ放尿して見せたり、さらには自室の床へ放尿したり、紙おむつを穿《は》いたうえで「おもらし」をして、排泄完了後におむつの中を広げて見せたり……と、過激さはとどまるところを知らない。

繰り返すが、これらは少女たちの自撮りによるものであり、すべてノーカット／ノーモザイクで、なおかつ少女自身がアップロードしているものである。

また、こうした画像や動画は、単体でツイートに貼り付けられるだけでなく、画像なら数枚から数十枚が、動画なら数本が、あるいは複数の画像と動画をミックスしながら、セットにした状態で提供されることも多い。児童ポルノの大盤振る舞いである。

セットでアップロードする場合、少女たちは画像／動画の共有アプリというものを使う。一番人気のものに〈写真カプセル〉というアプリがあり、以下〈写真箱〉や〈シェアクラブ〉、〈写真Ｂｏｘ〉、〈ＰＯＯＬ〉、〈写真ポケット〉、〈写真パック〉……など、類似のアプリも多数ある。

通信／撮影機器の進化と普及に、ＳＮＳの発展。そこへ利便性の高いアプリが加わることで、今、子供たちが自らを被写体とした児童ポルノを無差別にバラまいて楽しむのに絶好の環境が整っているものと言える。

小学生や性交未経験の女児までもが夢中に

ところで、そうした過激なアイディアを、少女たちはどこでどうやって仕入れてくるのか？

これにはツイッターの特性が大いに関係している。

人気のあるアカウントやツイートは、リツイート（別のアカウントに取り上げられて再掲載されること）を繰り返し、瞬く間にツイッター上で拡散されてゆく。そうして増殖したものを見て、裏垢／エロ垢少女たちは「どういったものが人気を得やすいのか」を自然と学ぶのである。少女たちは互いに知恵を付け合うことで、過激さを加速度的に高めてゆくわけである。

フォロワーという名の取り巻きの男たちによるリクエストから、どんなポーズや行為があるのかを知るケースも多い。そうしたリクエストに無邪気に応えてゆくうちに、あっという間に躊躇《ちゅうちょ》なく性器を晒《さら》したり、膣内へ指やペンを差し込んで見せたりするまでになるわけだ。

このネットを介した過激な露出行為は、いわゆる「すすんでいる子」だけがやっているわけではない。性体験のない女児や、交際経験すらまだない少女が興じているケースも極めて多い。実体験できない分、ネット上で過激に暴れ回ることで発散している側面もあるのだろう。

とは言え、そうした子たちも、最初からいきなりペンを挿入して見せたり、放尿して見せたりするわけではない。

特に小学生女児の場合、最初のうちは下着類を単体で撮るところから始めるケースが多い。自慰によって付着した膣分泌液で糸を引く指先だけを撮って見せるケースも多い。

しかし、裏垢／エロ垢を開設すると、すぐにペドフィリアの男たちに嗅ぎ付けられて、ちやほやされ熱烈なリクエストを受けることとなる。そうなると、まずほとんどの場合、ただ下着を撮るだけでなく、局部に直接当たる部分の汚れの染みをクローズアップして見せたり、その下着を身に付けた姿を見せたりし、さらには身に付けた下着を脱いで見せて、陰部をクローズアップし、指で広げて中まで見せて……と、裸体や局部や自慰行為という直接的な性表現へと、あっという間にエスカレートすることとなる。

出し惜しみしない少女たち

それにしても、なぜこれほど多くの少女たちが、裏垢／エロ垢に興じているのか？　純粋なストレス解消のためであるなら、女子児童に限らず、性別・年齢ともに広く行われていてもおかしくはないはずなのだが……。

確かに、裏垢／エロ垢は、性別や年齢層にかかわらず広まっている。女子大生やＯＬ、主婦層といった成人女性がやっている例もあり、また成人男性や男子児童にもやっている者はいる。

しかし、そうした裏垢／エロ垢人口の中でも、女子小学生／女子中学生／女子高校生といった18歳未満の少女の占める割合が圧倒的に大きい。筆者がこれまで取材をしてきた感触では、女子小中高生ユーザーが全体の7割程度を占める印象を受ける。

この裏にも、実はツイッターというＳＮＳならではの特性が大いに関係している。

ツイッターは一方的に情報を発信する装置ではなく、相互交通性の高いコミュニケーションツールである。情報の送り手と受け手とがリプライ（あるツイートに対する返信。しばしばリプと略される）や、ダイレクトメッセージ（メッセージの送信者と受信者が２人だけで会話できるメール機能。しばしばＤＭと略される）などの機能を使って、コメントやメッセージを直接やり取りすることで、より盛り上がるツールでもある。

そのため、女子大生やＯＬ、主婦層などでも裏垢／エロ垢をやっている者はいるが、そうした成人女性の場合、小中高生の女子ほど人気は高まらず、むしろ「いい歳こいてババアが何をやってるんだ？」などと、冷笑的に見られることも少なくない。男性となるとさらに悲惨で、単なる露出狂やナルシスト、あるいは公然猥褻罪の犯罪者として、辛辣《しんらつ》な攻撃を加えられることもしばしば。

また、大学生より上の「ババア」世代は、多少の知恵があるからか、露出度やアップロードの頻度に関して、出し惜しみをする傾向が強い。

そうした数々の要素が重なることで、裏垢／エロ垢の閲覧者となる男性ユーザーから敬遠され、「ババア」の裏垢／エロ垢は人気が高まりにくいものと思われる。

しかしその点、少女は違う。まず駆け引きというものをあまり知らない。女子中高生はおろか、小学生女児ともなればなおさらである。

前触れもなく、唐突に「くぱぁ」を連発したり、「これからお風呂に入ります」のツイートの後に、いきなり浴室での放尿動画を上げたりするのだ。これはときに、少女が取り巻きであるフォロワーの男たちから、「〇〇〇を見せて」とか「〇〇してみて」とかといったリクエストを、リプライやダイレクトメッセージで受けることで行われることもある。要するに、出し惜しみをしないのである。

これは閲覧者からすれば、若年者の裏垢／エロ垢の方が、年長者のそれよりもリクエストが素直に受け入れられやすいということでもある。より自分の性的嗜好にマッチした猥褻画像や猥褻動画を手に入れやすいわけである。

しかも、アップされる画像や動画は、すべて法的に禁じられている児童ポルノ。ほかではいくらカネを積んでも、目にはできないものばかりである。ペドフィリアたちの興奮と喜びは想像に難くない。

希少価値の高いご禁制のものが惜しげもなく無料で振る舞われているのだから、ペドフィリアや法令遵守意識の欠如した者たちが群がるのも当然の摂理と言えよう。

かくして裏垢／エロ垢市場は急速に拡大したわけである。

そして、ついに逮捕者が

そもそも、ツイッター上でユーザーが自撮りした性器や性的行為を公開する現象は、露出プレイのマニアである成人カップルや、援助交際で客を引く女子高生や女子大生、ＯＬやフリーター女性などの間で始まったもの。

当初は、見るのも見せるのも、限られたごく一部のマニアユーザーがするにとどまっていた。しかし、ツイッターの特質の一つである「拡散」によって、性に対する好奇心の旺盛な中高生が知るところとなると、少女たちが一斉に飛び付き、前述のような淘汰《とうた》もあって、すぐに低年齢層がメインとなった。

２０１４年後半になると、参入者数が激増。低年齢化も加速して、中高生はおろか小学生による裏垢／エロ垢も見られるようになる。

この頃から筆者は雑誌やテレビ、ウェブのニュースサイトなどの各マスメディアで、関連のレポートを展開。それもあってか徐々に社会問題として認識されるようになり、２０１４年10月16日にはついに逮捕者が出ることとなった。

前述の画像共有アプリ〈写真カプセル〉で、自らの性器画像などを公開していた神奈川県の中学生男児（14歳）が、児童買春・ポルノ禁止法違反（公然陳列）などの容疑で書類送検されたのだ。多数派の女児ではなく、男児が摘発された点に恣意的なものを強く感じるが、いずれにしても裏垢／エロ垢ユーザーの未成年児童で、初の検挙者が出たのである。

これを皮切りに、裏垢／エロ垢全体にメスが入る……かと思いきや、しかし、その後は散発的な逮捕・補導があるだけで、裏垢／エロ垢を楽しんでいる者たちには特に大きな打撃もなく、見せしめ的な送検劇もまったく抑止力にはならなかった。

　そして、２０１５年7月15日。改正を受けて厳罰化された児童買春・児童ポルノ禁止法が施行。ここで再び、裏垢／エロ垢ユーザーの補導や逮捕の報道が続き、ようやく現象は終息の傾向を見せた。摘発を身近に感じた子供たちが「さすがにこれはマズいかも」と、裏垢／エロ垢のアカウントを自主的に閉じたり放棄したりしたのだ。

　そこへ加えて、その年の11月5日、当時〈写真カプセル〉と並んで大人気だった画像共有アプリ〈写真袋〉の運営会社社長が、児童買春・児童ポルノ禁止法違反（公然陳列）幇助の容疑で、警視庁と京都府警に逮捕されたことが発表された。子供たちによって投稿された画像や動画を、18歳未満によるものと知りながら閲覧可能な状態で放置した、というのが容疑の内容。

　２０１５年11月5日付けの朝日新聞の報道によると、「警視庁少年育成課によると写真袋には延べ約４００万人の利用者がおり、投稿されたデータの3～4割が児童ポルノで、運営会社は２０１３年12月から15年6月までの間に約1億４９００万円を売り上げていた」とのこと。このことからも画像共有アプリの世界が、いかに児童ポルノまみれであるかがわかる。

　この逮捕劇が大きなニュースになると、残っていた裏垢／エロ垢ユーザーも、さすがにその多くが撤退。裏垢／エロ垢の一大ブームは、このまま終焉するものと思われた。

第2次ブームで爆発的活況に

しかし、終息傾向にあったのは、その年のせいぜい暮れまで。暮れ以降、裏垢／エロ垢がらみの補導や逮捕のニュースが収まると、「のど元過ぎれば〜」の喩《たと》えのとおり、休眠させていたアカウントを復活させたり、アカウントを新たに開設したりして、裏垢／エロ垢に興じる子供が再び増えた。結局、抑止効果は半年も保たなかったわけだ。

しかも、それまでの「おあずけ」期間に溜まったものを爆発させるかのように、年が明けると少女による裏垢／エロ垢は、第2次ブームとでも言うべき〝活況〟を見せた。これには、摘発のニュースがマスメディアで大きく報じられたことで、かえってその存在を知り、好奇心を掻き立てられて参入する者が激増したことも考えられる。摘発のニュースによって「こんな楽しい〝遊び方〟があるんだ」と知ってしまった子供たちも多かったわけだ。

その後は現在に至るまで、裏垢／エロ垢現象が収まる様子は兆しも見せない。

当事者である子供たちによると、多くが「取り締まりは一時的なもの」であり、「補導されるのはかなり運の悪い子だけ」で、「だから自分は大丈夫」と捉えているようである。そうした子供たちの声のとおり、子供たちによる裏垢／エロ垢はユーザー数が激増しただけではなく、ツイートや画像／動画の過激度も以前より格段に増している印象を受ける。

2016年2月8日には、再び〈写真袋〉のアプリ運営会社社長らが、児童ポルノを公開した容疑で、今度は神奈川県警に逮捕された。11月に続き2度目の逮捕だったこともあり、界隈では大きなニュースとなった。

これもあって、2度目の摘発後、〈写真袋〉はサービス停止の状態となった。

……が、しかし、それも子供たちへの歯止めとはならなかった。

思春期真っ盛りの子供たちと言えば、好奇心が服を着て歩いているようなもの。性的なものが対象となればなおさらである。ましてや裏垢／エロ垢に興じるのは、好奇心を満たすためなら着ている服も平気で脱ぎ捨てるような子供たちである。せっかく手に入れた最高にドキドキできるエッチな遊びを、そう簡単に手放すはずもない。

もちろん、ツイッター運営サイドも黙ってはいない。法的縛りがキツくなり、また逮捕者が続出し、大きな社会問題と化したことで、2016年に入ってツイッターの運営は、それまでは形程度にしか実施されていなかった「アカウント凍結」(不適切なアカウントの公開やアクセスを禁止する措置)を、迅速に行うようになった。

2015年の秋以前には、「アクセス者数を増やすため、わざと放置しているのでは？」と疑われるほど、子供たち自身による児童ポルノ公開に〝寛容〟に見えたツイッター運営だが、現在では過激度の高い悪質な子供のアカウントなどは、開設から数日中には凍結されるほどのスピーディな対応を見せている。

しかし、現状ではそれも焼け石に水といった状態。裏垢／エロ垢のアカウント数があまりにも多すぎるため、対処しきれていないのだ。しかも中には、凍結処置をされても、その度に執拗に新規のアカウントを開設しては、性器や性的行為の露出行為に及ぶ子供もいる始末。陰部を自撮りしては晒して楽しむ子供たちの暴走は、今も事実上、野放し状態となっている。

親の知らないエッチな遊び

では、なぜそうまでして少女たちは裸体や性器や性的行為を、自ら公開したがるのだろうか？ 裏垢／エロ垢の何が少女たちを虜《とりこ》にするのか？

少女たちが性器や性行為を公開する裏には、大きく次の2つがある。

①思春期ならではの興味本位

②ちやほやされたい

それぞれ詳しく解説しよう。

①思春期ならではの興味本位

思春期といえば、エッチなことに興味津々なお年頃。これは男子も女子も変わりない。本格的な自慰を覚えて、性的興奮を掻き立ててくれる材料となる〝オカズ〟を日夜探し求める年頃でもある。

オカズ探しに関しては、インターネットは格好の道具と言える。そうしてネットでオカズ漁りをしながら、日常的に使っているツイッターでエッチな妄想を吐くうちに、既にそうしている別の子のアカウントの存在を知り、それを見て刺激され、一定数の子供が自らもオカズを晒すようになるのだが、これはある意味、自然な成り行きと言えるだろう。

自らの裸体や局部をネットで晒せば、「どこかのイケメンのお兄さんが、あたしのを見てムラムラしてくれてるかも」とか、「もしかしたら同じ学校の憧れの男子が、あたしのエッチな姿を見てオナニーしてるかも」とかとエッチな妄想にも拍車がかかり、自らの自慰もそれだけはかどるというわけだ。

裏垢／エロ垢をきっかけとして、オナ電（昔で言うテレフォンセックス）の相手や、見せ合い（性的な自撮り画像や自撮り動画を交換すること）の相手、あるいは彼氏やセックスフレンドと出会う少女も実際にいる。

少女たちにとって裏垢／エロ垢は、どのような形であれ性欲処理に抜群の威力を発揮してくれるツールなのである。

今や、小学生が大麻を吸引したことを学校で自慢するほどの時代。そんな時代の最先端を駆け抜ける少女たちの性欲を侮《あなど》ってはいけない。子供たちの性衝動は、大人たちが忘れてしまった恐ろしいまでの起爆力を秘めているもの。そのうえ子供ということで、多くは貞操観念も成熟していなければ、浅はかでもあろう。

……となれば、無邪気に自らを被写体として児童ポルノをせっせと撮ってはネットへアップする〝エッチな遊び〟に、後先を考えず夢中になってしまうのも致し方ないことかも知れない。

ちやほやされたい少女たち

②ちやほやされたい

これはオンナの業なのか、女性には「不特定多数の男性にちやほやされたい」という欲求を強く抱いている者が少なくない。

これは成人だけでなく、子供であっても同じもの。そして、この手の願望は、ツイッター上で裸体や陰部を公開すれば、いともたやすく叶ってしまう。

当然だろう。法規制のためにカネを積んでも買えないものが、実に容易に、しかも無料で手に入るのだ。閲覧者となる男たちは、少女たちが脱ぎたくなるように全力で褒めそやし、おだて上げることとなる。

女子児童たちの猥褻自撮り画像や猥褻自撮り動画を見たいがために、取り巻きであるフォロワーの男たち——例えば、やりたい盛りの中高生男子や大学生のナンパなお兄さん、そしてペドフィリアの大人の男たち——は、少女を極限までちやほやする。

しかも、ツイッターならフォロワー数やリツイート数、ファボ数で、自分にどれだけ人気があるのかが一目瞭然となる（ファボとはツイッター上の「いいね」に当たる投票システム）。評価が数字で明確に表れるわけだ。

そして、この数字というものが、裏垢／エロ垢少女にとっては大きな自信につながるという。実際に、フォロワー数やリツイート数、ファボ数を異様に気にする少女は多い。そうした数字こそが少女たちにとって、自分の評価であり、自分の存在価値を計る物差しとなるからだ。

数字というのはわかりやすいもの。例えば「大きい方が価値が高い」と決めてしまえば、そのルールが正しいかどうかは別として、優劣を一瞬にして見極められる。また、その結果は揺るぎなく、疑いを差し挟まれる余地もない。

かくして少女たちは数字稼ぎに走ることとなる。

友人などとつながっている表のアカウントでは、懸命に面白いことを探してツイートしても、仲間うちの数人でリツイートし合うのがせいぜいだろう。フォロワー数も、友人知人から単なる顔見知りまでを総動員しても、人間関係の狭い小中高生ならば50人もいれば上出来の部類。そして、フォロワー数が少なければ、当然ファボ数も限られたものとなってくる。

しかし、裏垢／エロ垢でＡＶなど足下にも及ばぬ過激な児童ポルノを公開すれば、１日や２日でフォロワー数が１０００人以上増えることも珍しくはない。

スカートをめくってパンツを写し、「パンツの中が見たい人はリツイート」とか「ふぁぼが50いったらパンツ脱いだ画像上げます」とかとつぶやけば、小一時間でリツイートやファボの嵐ともなる。

ツイッターはその特性上、情報が拡散・共有されやすい。裏垢／エロ垢少女たちは人気取りのため、人気の高い別の少女のアカウントを閲覧して研究し、より男たちにウケるようアップロードする画像や動画を過激化させることとなる。

そうして過激度を増せば増すほど、アカウントの人気は高まり、より熱烈にちやほやされるようになる。

では、人気が高まると、どうなるか？

まず、フォロワーの中の熱狂的なファンが、取り巻きと化す。そうした中には「○○○ちゃん専用アカウント」などというものを開設して、少女に露骨におもねる者まで出て来る始末。

しかし、少女にとっては、それがアイドル気分を味わえてよいのだという。ナルシスティックな子はもとより、自尊心の低い子にとっても、不特定多数の（しかも数千から数万人もの）男たちに全力でかしずかれることは、麻薬的な快楽を生み、どうしてもクセになってゆくのだという。

しかも、このツイッター上で展開されるちやほやは、現実の社会——例えば学校の教室などでは、いわゆる「ブス」や「デブ」や「暗い」と目されて肩身の狭い思いをしている少女にも味わえるもの。いわゆる「ブス／デブ／ネクラ」でも、18歳未満でさえあれば、必ずやペドフィリアの取り巻きが少なからずでき、ちやほやしてもらえるのである。ツイッターの中の世界でならば、肌や性器を露出しさえすれば、現実世界では味わえないお姫様扱いに浸れるわけだ。

ここに裏垢／エロ垢の中毒性があり、その中毒性ゆえに、自撮り児童ポルノは急速にエスカレートすることとなる。

18歳未満ならブスでもデブでもお姫様

これは「みなぽ」と称する中2の少女の裏垢。

彼女は、開設当初はプロフィール欄に「友だちもいないデブスです　キモかったらいつでもリムってください」などとコンプレックスにまみれた文言を記していた。

「リムる」とは、ツイッター用語の一つで、フォローしているアカウントのフォローを外す（リムーヴする）こと。少女たちの間ではときに、全人格を否定され人として切り捨てられるのにも相当するほどの苦しいこととされている。

プロフィール欄に貼り付けられた画像を見ると、みなぽは肥満気味のプロポーションをしており、そのうえ自撮りをし慣れていないからか、やぶにらみにカメラをにらみ付ける目付きにもなっていて、確かに同じ歳の男子からは人気の出るタイプの子ではないかも知れない。

そんな容姿に引け目を感じているからか、みなぽの日々のツイートも、「クラスでちゃんと話せる友だち1人しかいないからつらい」とか、「声が低いのってキモいよね　自分でも自分の声がキモい」とかと卑屈なものが大半を占めていた。

しかし、コンプレックスが強い分だけ承認欲求も強いのか、アカウントを開設してから半月もすると、みなぽはたびたび顔写真をアップするようになった。

顔写メには当初、

「一重だから目つき悪いね・・・・キモかったらごめんなさい」

「みんなはこんなの見たくないよね　かわいい子に生まれたかった」

「あたしの顔なんて誰も見たくないよね　キモかったらブロックしてください」

といったネガティヴな言葉ばかりが添えられていた。

しかし、みなぽが顔写メをアップするたびに、

「キレイな目元だね～　うん、すっごいかわいいよ！」

「綺麗な肌してるね　美人系だよ」

「大人っぽいきれいな顔だと思いますよ　会いたいなあ」

などの男たちによるコメントが、女子小中高生の裏垢／エロ垢の定石どおり、小一時間のうちに10も20も付くのであった。

それに気をよくしたのだろう、それからすぐ、みなぽは顔写メだけではなく、シャツをはだけてブラジャーや胸を写した半裸の画像をアップするようになる。

当然、そうした画像は30代、40代、50代のペドフィリアから大絶賛を浴び、リツイート数やファボ数がうなぎ上りに増え、フォロワー数も急増していった。

これに味を占めたのだろう、みなぽはさらに肌の露出度を上げてゆく……のだが、気になる点がもう一つ。

彼女の態度が激変したのである。

つけ上がる少女たち

アカウントが開設されて３カ月も経たないうちに、みなぽの自己紹介文は次のように書き換えられた。

「ＪＣ２／ぽっちゃり／まだ彼氏いないから早い者勝ち笑／ＬＩＮＥ交換は気に入った人だけ／しつこい人嫌い」

取り巻きのペドフィリアたちに対してならば、自分には極めて高い価値があること、自分が圧倒的優位な立場にあることを知ったのだろう。

日々のツイートも大きく変わっていった。

「あー暇　誰かＤＭ来て　今なら相手してあげる」

「なんか寝れない　起きてる人はとりあえずふぁぼして」

「もっとリプ来てよ　返事するかはわからないけど笑」

「フォロバしてほしい人はこのツイートにふぁぼして〜　今日だけ限定で全員フォロバしてあげる〜^^」

「うふふふ　すごい写真撮っちゃった笑　見たい人はふぁぼして」

おだてられ、ちやほやし尽くされることで、あっという間に増長したのである。

裸体や性器を見たいだけのペドフィリアたちに持ち上げられ、純粋さと紙一重の浅はかさから、少女の感覚は完全に狂ってしまったわけである。子供らしい素直さが裏目に出てしまったものとも言えるかも知れない。

フォロワー数やリツイート数やファボ数の数字がいくら増えたとしても、決して少女の人格が評価され、受け入れられたわけではない。ネット上の「いいね」ボタンは、ペドフィリアにとって、押せば無料の児童ポルノが無限に出て来るスイッチに過ぎない。

しかし、少女たちはそんなことなどおかまいなしに、今日も性器を披露する。

性器露出と引き替えに少女たちが手にするもの

さて、では自らを被写体とした児童ポルノを提供するのと引き替えに、不特定多数の男たちからちやほやされることの味を覚えた少女たちは、その次にどうなるのか？

——多くが、取り巻きの男たちを振り回して楽しむようになる。

例えば、リプライの飛ばし方や、メッセージの送り方、さらにはその内容などに少しでも気にくわないことがあれば、少女たちはすぐ「フォロワーから外す」とか「ブロックする」とかと言って取り巻きたちを脅し、自分が圧倒的優位な立場にあることを何かにつけてアピールするようになる。

そうして男たちを翻弄《ほんろう》し、操縦するようになるのである。

有《あ》り体《てい》に言えば、「あたしのアソコを見たければ、あたしの機嫌を損ねるな」と、取り巻きの男たちを脅してコントロールするわけだ。

しかも、ほとんどの場合、少女たちよりかなり年かさな大学生や社会人の大の男連中が、情けないことにそれに素直に従うのである。児童ポルノという餌を欲しさに、ペドフィリアたちが少女の奴隷と化すわけである。

これがエスカレートして、ネットいじめにまで発展することも少なくない。

例えば、恐らく中学や高校の同級生なのだろう。実生活で接点のある別の女子のアカウント（しかも、多くは本名でやっている表のアカウント）を裏垢／エロ垢少女が晒したうえで、「この子、性格悪くない？　気持ち悪いから、みんなでツブして！」などと、取り巻きの男たちを扇動し、そのアカウントへ攻撃を仕掛けるのである。そして、そのせいでアカウントが閉鎖にまで追い込まれることも珍しくない。

少女の取り巻きであるフォロワーの男たちは、面白いほど少女の言いなりに動く。機嫌を損ねると、脱ぎっぷりが悪くなる恐れがあるからだ。取り巻きの男たちは、徹底的に少女に媚びへつらい、少女の道具へと成り下がる。

ツイッターには、閲覧や交流をしたくない相手のアカウントを遮断する「ブロック」という機能があるのだが、少女たちはしばしばこれを脅しの材料とする。ブロックをされると、そのアカウント主はブロックをした少女との交流が持てなくなるばかりか、少女のアップした児童ポルノの画像や動画を閲覧するのも難しくなる。そうならないよう取り巻きの男たちは少女の顔色をうかがい、少女の言いつけを従順に守って、命令に従うわけだ。

気に食わなければ切り捨てるだけ。自分が18歳未満である限り、代わりの男はいくらでも出現し続ける。数が足りないと思っても、画像や動画の過激度を高めるだけで、たちどころに数千から数万の取り巻きが増える。裏垢／エロ垢の世界でならば、少女たちは圧倒的に優位な立場で、主導権を握り続けながら、取り巻きの男たちを翻弄し、操縦することができるのだ。

取り巻きを手玉にとって全能感に酔いしれる

例えば、ある少女のアカウントに、

「モザなしで見せてあげよっか?」

そんなツイートとともに、裸で開脚した局部の画像がアップされる。ただし、この時点では性器の部分が、線で塗りつぶしてあったり、スタンプで隠してあったりする。つまり、「モザイクなしで性器そのものを見せてあげようか？」と誘っているのだ。

　こうしたつぶやきがあった場合、取り巻きの多いアカウントとなると数十分で100や200のファボが付き、「○○○ちゃん お願いします！」などとへりくだってご機嫌取りをするリプライがズラリと付くこととなる。

　そうしてタイミングを見計らいながら、取り巻きの期待がはち切れんばかりに高まったところで、少女たちは御開帳をするのである。

　そうした中には、フォロワーたちを散々じらした挙げ句、「そんなに簡単に見せれるわけないじゃん ワラ」とか、「今日はもう眠いから寝る おやすみ」とかとつぶやいて、取り巻きの男たちを振り回し、黒い肉欲におあずけを食らわせて玩《もてあそ》ぶようなことをし始める少女もいる。

「ワラ」とは「笑い」を意味するネットスラングで、特に相手を嘲笑する際に用いられることの多い言い回し。そうしたツイートの端々からも、少女が男たちを翻弄することで、万能感や優越感に酔いしれていることが読み取れる。

　児童ポルノという武器がある以上、裏垢／エロ垢の世界でならば、少女たちはやりたい放題にできるのである。

　少女たちには実生活では思いどおりにならないこともあるだろう。子供だけに、むしろその方が多いかも知れない。容姿や学力、家庭環境などで劣等感を抱いている子となれば、なおさらだろう。しかし、どんな子であろうとも、その子が18歳未満の少女であれば、ツイッター上に限ってはアイドルであり、お姫様であり、女王様でいられるのである。

そして、この甘い蜜の味をひとたび覚えてしまうと、裏垢／エロ垢を手放せなくなり、取り巻きを自分の元に引き留め、思いどおりに操縦するために、新たな餌——より過激なエロ画像やエロ動画——をバラまき続けることとなる。

本来、煮詰まった実生活での人間関係から、ほんのひととき逃れるために、息抜きのつもりで始めたはずの裏垢／エロ垢。それが結局は、実生活でのそれよりもドス黒く重い人間関係を生むこととなる。そして少女たちは、取り巻きの男たちを翻弄しているつもりでいても、実際はその関係性に翻弄されて、心を蝕《むしば》まれてゆくこととなる。

——いや、ときとしてそれだけでは済まないこともある。

裏垢／エロ垢にハマってゆくと、多くの少女は〝ある事〟に気付いてしまうこととなる。そして、それが少女たちを、闇のさらなる深みへと引きずり込んでゆくこととなる……。

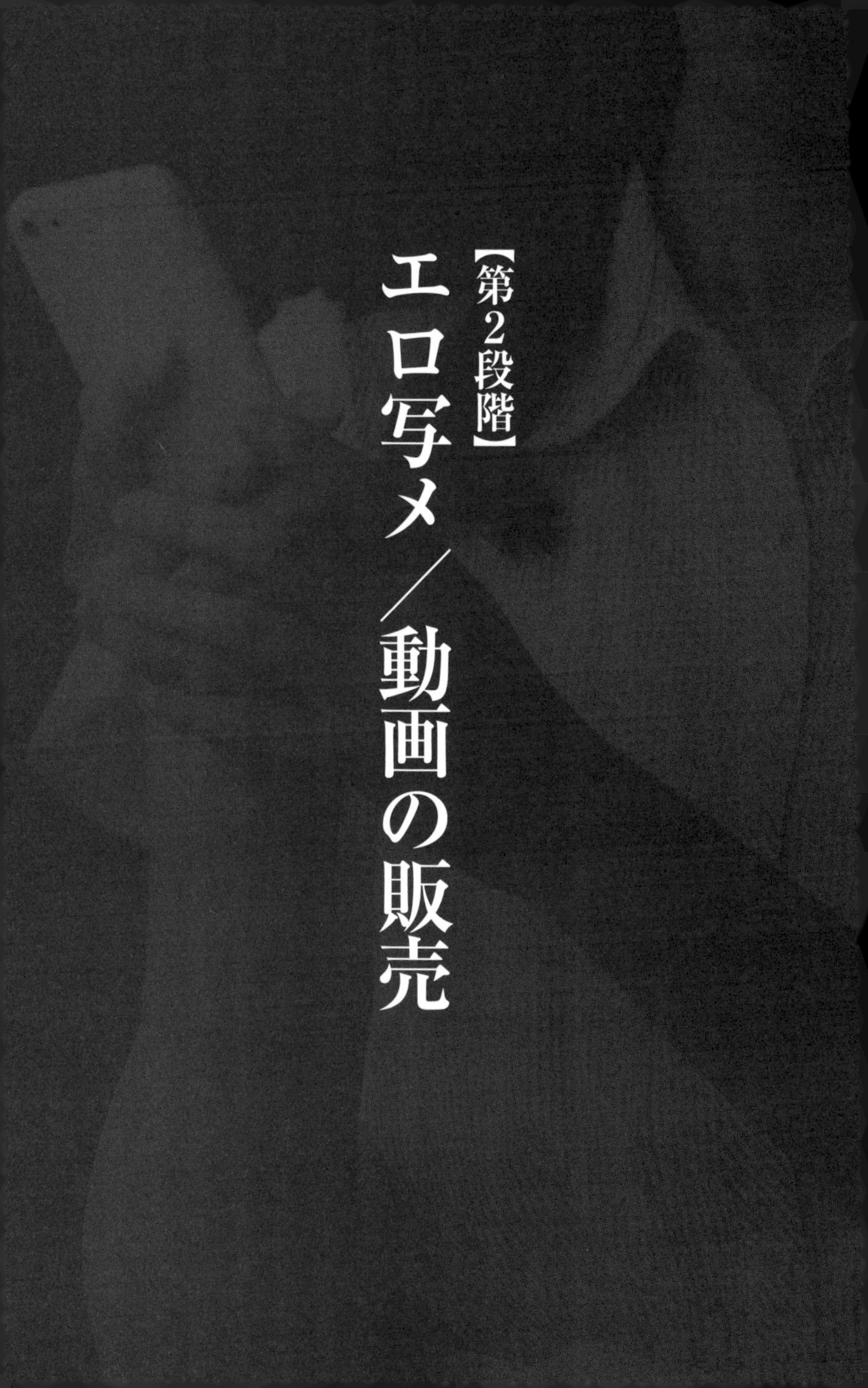

【第2段階】

エロ写メ／動画の販売

児童ポルノの詰め合わせ

動画を再生すると、まず画面一杯に大写しとなるのは、陰毛の薄い局部。いわゆるM字開脚の姿勢で露わにされたものである。

大きく開かれた脚と、それに引っ張られるようにして左右に開いた陰唇。内側の粘膜もあからさまになっている。

床へ置いたスマートフォンで撮っているのだろう。陰部を晒す女性は、自室かどこかのフローリングの床へ裸の尻をぺたりと付けて座り込んでいる。

再生開始からの数秒間は、まるでストップモーションかのように画面に動きはなく、ただ若い女性の陰部が大写しになっているだけ。……と思うや否や、開脚をする本人は一切、手を使っていないのに、膣口が内側から白い何かで少しずつ押し広げられてゆく。

ゆっくりと出現した白い物体が、膣口から完全に頭を出し、丸い形を露わにすると、そのままゆっくり膣から出て来る。ここで白い物体が、円筒形をしたプラスティック製のものだとわかる。

直径1・5㎝ほどの白いプラスティックの円筒は、膣から押し出されるようにして、にゅるにゅると全貌を現すと、「コトリ」と硬質な音を小さく立てて、フローリングの床へ産み落とされた。

円筒は長さ7～8㎝。側面に印刷された文字によると、それはリップクリーム。この自撮り女性は、リップクリームを膣内へ丸ごと挿入し、押し出す様子を撮って見せたわけだ。

20秒足らずの短い動画だが、中身はマニア向けのポルノビデオも顔負けの、マニアックで扇情的なものと言える。

これは、ネット上にアップロードされたフォルダの中に入れられた動画ファイルの一つ。そのフォルダには、ほかにも似たような動画や画像がたっぷりと詰められている。

いや、驚くべきはその内容や量だけではない。このフォルダをアップロードしたのは、被写体であり撮影者でもある当の女性なのだが、その女性のプロフィールには「ＪＣ２」の文字があるのだ。「ＪＣ２」とは、2年生の女子中学生を意味する隠語。

――つまり、この画像／動画フォルダは、児童ポルノの詰め合わせなのである。

合い言葉一つで性器画像を御開帳

それにしても、なぜ少女はこのような動画を自撮りし、フォルダへ詰めてアップロードするのか？

その謎は、アップ先のシステムを見れば理解できる。

少女が盛んに画像や動画をアップしているのは、〈写真カプセル〉をはじめとする写真共有アプリのサーバ。

写真共有アプリとはその名のとおり、画像や動画や音声などのデジタルデータを、複数人で共有するために使うアプリ。

こうしたアプリは本来であれば、例えば学校の行事で遠足に行ったときや、仲よしグループでテーマパークへ行ったときなどに活用すべきもの。誰かの撮った画像や動画を、写っている複数の人々へ配る際、メールなどでやるとすると、その相手の写っているものを選別しながらデータを振り分け、それぞれのフォルダを作って詰め、そのうえで各人へいちいち送信する必要がある。配布対象者の人数によっては、膨大な手間と時間を要することとなる。

一方、写真共有アプリを使えば、撮影者はすべてのデータをサーバへ一度アップして、参加者へ「合い言葉」などと銘打たれたパスワードをメールやメッセージアプリで公開するだけ。あとはデータを欲しい人がアップされたデータへ合い言葉を使ってアクセスし、自分の欲しい画像や動画だけを各自が好きなようにダウンロードするだけ。

要するに、イベントがらみの写真の焼き増しや配布といった手間を格段に楽にする――これが本来的な写真共有アプリの使い方と言える。

しかし実際には、この写真共有アプリを使って、自らを被写体とした児童ポルノを不特定多数の者へバラまく裏垢／エロ垢少女が後を絶たない。

なぜか？

この裏には、多くの写真共有アプリが採用しているポイントシステムがある。

写真共有アプリの利用者は、アップロードする者とダウンロードする者とに大きく分けられるのだが、アップロードする者にはポイントという「ご褒美《ほうび》」を与えられるケースが多い。

このポイントは、一般の人気商品などと交換できるようになっている。つまり、ポイントはネット上では通貨と同等の価値があるわけだ。

そして、このポイントは、アップロードしたデータの利用者数（＝ダウンロード数）に応じて付与される。つまり、アップロードするデータを特定の人へではなく、不特定多数の者へ向けて開放したうえで、人気の出そうな画像や動画をアップするほど、もらえるポイントも増えるということ。

こうしたシステムを利用するうちに、裏垢／エロ垢少女たちはすぐ、あることに気付いてしまう。

「たくさん自撮りをアップロードして、ポイントをたくさん貯めれば、おカネがなくても欲しい物が手に入る」ということに。

裸体がカネに換わる瞬間

裏垢／エロ垢に夢中の少女たちは当初、エッチな好奇心や自尊心を満たすために、自撮りした裸体や性器や自慰行為などの画像／動画をアップロードし始めるもの。当初は、親には内緒のドキドキするようなイタズラや遊びの一つに過ぎないのである。写真共有アプリを使い始めるのも、それを少しでも多くの人に見て欲しいがため＝より大きなドキドキを味わいたいがため、である。だが、ひとたび大きなポイントを手にしてしまうと、それがまとまった小遣い稼ぎとなることに気付く。

猥褻な自撮りをアップすることがカネ儲けになることに気付き、味を占めた子供たちは、より多くのダウンロード数を稼ぐために、ペドフィリアをはじめとした見る者の目を意識して、より過激な絵作りをするようになる。冒頭で触れた動画も、そうして撮られたものに違いない。

自らの裸や性器がカネになる——。これは特に、アルバイトのできない小中学生にとっては強烈な訴求力を持つ。

そうした理由もあるからだろう、小学生や中学生といった低年齢の子供ほど、裸や性器や自慰行為や放尿姿を夢中になって自撮りして、日々過激さに磨きをかけながら量産し、大量に詰め合わせにしてネット上へアップすることとなる。

そしてこの瞬間から、少女たちのエッチな自撮りは、好奇心を満たすための遊びではなく、カネ儲けの手段へと切り替わる。

自撮りポルノの公開が、一つの稼業《シノギ》となるわけだ。

パスワードは多くの場合、ダウンロード先のＵＲＬなどと合わせて、ツイッター上で包み隠さず公開される。１人でも多くの者にダウンロードしてもらうためである。

かくしてネット上は児童ポルノまみれとなる。少女自身の手による自撮りの児童ポルノは、彼女たちの股間と同様に、開けっぴろげに広げられていて、いつでも誰もが自由に閲覧できる状態となっている。

１００円のＬＩＮＥスタンプのために脱ぐ

少女たちが、自らの性器画像や自慰動画を換金できることを知るきっかけとなるのは、アプリのポイントだけとは限らない。ツイッター上の些細《ささい》なツイートがきっかけになることもある。

例えば、

「あー このスタンプかわいいなぁー」

少女がそんなツイートに、ＬＩＮＥスタンプの見本画像を貼り付けたとする。ツイートした少女にとって当初、こうしたつぶやきは見つけたスタンプに対する単なる感想であったり、あるいはフォロワーたちへの単なる報告に過ぎなかったりするもの。

しかし、裏垢／エロ垢少女の取り巻きである男たちにとっては、これが大きなチャンスとなる。――ほとんど必ずと言っていいほど、少女にそのＬＩＮＥスタンプを買い与える者が現れるのである。

ＬＩＮＥスタンプの多くは、売価が１２０円や２４０円といったところ。大人にとっては造作もない額である。しかし、小中学生の女児にとっては、お小遣いをやりくりする必要のある、それなりの金額かも知れない。

そこに付け込み、取り巻きの男たちはわずか１００円程度の投資で、数千人から数万人もいる少女のフォロワー群の中から一歩抜きん出て、少女に自分の存在を印象づけようとするわけだ。１００円のＬＩＮＥスタンプを買い与えることで、少女におもねり、点数稼ぎをするわけである。

額にして、わずか１００円２００円のことではある。……が、少女はここで気付いてしまう。

「あたしがおねだりをすれば、フォロワーさんが何でも叶えてくれるのかも」と。

児童性愛者たちとの取り引き

物品をねだるだけではない。ダイレクトに金銭を求めるケースも少なくない。

実際に、ある小学生女児がツイッター上でやっているアカウントの、ある日のツイートにこんなものがある。

「お小遣いほしぃなぁ、、、」

「余ったｉＴｕｎｅｓポイントありませんか？　余ってたらお願いします(..)」

小学生女児のこうした唐突なつぶやきに、取り巻きであるフォロワーのペドフィリアたちが大挙して即応。

「あげたいな」

「いくら欲しいの？」

「いいよ～　あげるよ！」

「場合により相談のりますよ～」

「あげるよー！　欲しい額をＤＭで教えてねー」

「もし良かったら相談に乗るよ^^」

「欲しいものあるの？　よかったら援助しようか？」

「あげたら何してくれるのかな？笑」

こうした返事が、みるみるうちに数十も付いたのである。

もちろん「タダで」というわけではない。必ず見返りが求められることとなる。

その見返りとは——相手の男の好みの猥褻ポーズで撮り下ろされた児童ポルノである。

「指でアソコを広げながら撮って送って」

「お尻の穴にペンを入れてる画像を送って」

そうした要求に、少女たちは易々と応じてみせる。わずか１００円のＬＩＮＥスタンプと引き替えにでさえ。

おねだりをする少女たち

なぜ、少女たちはいとも簡単に、自撮りした猥褻画像をお礼として送ってしまうのか?

それは、裏垢/エロ垢少女にとって「いつもやっていること」に過ぎないからにほかならない。

むしろ、エッチな遊びとして毎日のように楽しみながらやっていたことを、特定の誰かへと対象を狭めただけのこととも言える。

特定の誰かのリクエストに合わせて撮り、その相手にだけ見せることで、裸や性器や自慰行為が「欲しいけれど買えなかった物」やカネに化けるのだから、少女にとって躊躇する材料はない。

こうして金品を手にすることを覚えてしまうと、もう誰にも少女たちを止められない。

「このピアスかわいくない？　ほしいなぁー」

「このワンピかわいくない？　これ買ってくれたら着てるとこ写メしてお礼しますよぉ」

おねだりは次第に頻繁なものとなり、その額も吊り上がってゆく。おねだりをエスカレートさせる少女たちには、「自分のおねだりは叶えられて当たり前」とさえ思っているフシもある。

もちろん、その裏返しとして、男たちの要求もえげつなさを増してゆく。

「ピアス買ってあげるよ～　その代わり顔出しのオナ動画送ってくれるよね？」

「ワンピースかわいいね～　○○○ちゃんに似合いそうだなぁ～　お風呂場でよつんばいでオシッコしてる動画くれるなら買ってあげてもいいよ～」

アクセサリーや衣類のほかに、おねだりしたり贈られたりする物として多いのが、実はアダルトグッズ。バイブやディルドー、電動ローターなどの女性向け自慰用グッズである。

この場合、水を向けるのは少女の側。

「エッチな動画見てバイブ気になった(*^_^*)　バイブって気持ちぃのかなー」

「ローターでオナしてみたいけどローター買えないよ;;」

裏垢／エロ垢少女のツイートには、この手のものも非常に多い。

確かに18才未満の少女にとって、アダルトグッズを入手するのは至難の業だろう。

そこで、またしても出て来るのが取り巻きの男たち。そう、フォロワーである大人の男たちが、少女に買い与えるのである。

そして、ここでもプレゼントの見返りとなるのは、少女お手製の児童ポルノ。

「そのローター使ってオナしてる動画くれるなら買ってあげるよ」

「バイブに興味あるの？　バイブで気持ちよくなってる動画くれるならアマゾンで買って送ってあげるよ」

ペドフィリアの男たちがネット通販を使って少女に買い与え、その見返りとして児童ポルノを要求するのだ。

大抵の場合、商談はスムーズに成立する。それまで裏垢／エロ垢で無邪気に無料で公開していた画像や動画を相手に送るだけで、アダルトグッズを買ってもらえるのだから、少女にとってやらない理由は特にない。

自分を被写体とした児童ポルノなら、少女にとっては、いつでも無料で、いくらでも量産できるもの。これまでタダで公開してきたものが、特定の相手のリクエストに合わせて撮って送るだけで欲しい商品に化けるのだから、少女にとってこれは単に「オイシイこと」でしかない。

かくして少女たちは、自らの裸体や性器や自慰行為などの画像や動画を、欲しい品物に換えることを覚えてしまうわけである。

「あたしの望みは叶えられて当たり前」

こうしたことをするうちに、多くの少女は確信する。

「あたしが欲しいと言えば、タダでくれる人が必ず現れる」と。

悪いことに、少女たちの欲求はほとんどの場合、満たされることとなる。

そして、おねだりの甘美な味を知ってしまった少女たちは、なり振りかまわずに、おねだりを乱発するようになる。

そうした乱発の仕方の一つに、〈Ａｍａｚｏｎほしい物リスト〉の公開というものがある。

〈Ａｍａｚｏｎほしい物リスト〉とは、本来、今すぐに購入はしない（あるいは、できない）が、ゆくゆくは手に入れたいと思っている商品を、Ａｍａｚｏｎのサイト上でリスト化できる機能。一覧化することで、類似の商品と比較検討がしやすくなり、また覚え書きとして活用すれば買い忘れなども防げるという便利な機能である。

このリストには、自分が見るだけでなく、他者へ向けて公開する使い方もある。リスト作成者にプレゼントをする際、贈り主がリストを見れば、相手が求めている物を贈ることができるので、確実に喜んでもらえることになるわけだ。

……が、このリストが、しばしば児童ポルノの取り引きに悪用されているのである。

ペドフィリアが少女お手製の猥褻画像や猥褻動画を入手する際に、少女の公開するリストから物品を選んで買い与え、それをもって支払いの代わりとするわけだ。〝物々交換〟方式で児童ポルノの取り引きをするのである。

〝商談〟の前にペドフィリアが自主的に少女に贈り物をして、その見返りとして少女が自分を被写体とした児童ポルノを提供するパターンもある。

「あたしをプレゼントで上手に喜ばせることができたら、ご褒美にエッチな写メや動画をあげるよ」というわけだ。完全に調子に乗った状態であるが、裏垢／エロ垢でちやほやされることに慣れきってしまった少女たちがこうなってしまうのは、無理からぬことなのかも知れない。

児童ポルノの取り引きにネット通販が活用される理由としては、最寄りのコンビニエンスストアなどへ留め置き配達できる利便性も大きい。

コンビニ留め置きであれば、少女は男に住所や電話番号といった個人情報を知らせることなく、お目当てのものを手にできるので、それだけでストーカー被害に遭う心配は皆無となるうえ、家族の目も誤魔化しやすい。

また、〈Ａｍａｚｏｎほしい物リスト〉なら、個人情報を非公開のまま自宅まで配送してもらうこともできるので、ものぐさな少女にとっても、このうえなく便利なシステムと言えよう。

プレゼントをする側の男たちにとっても、メリットは大きい。リストを見れば、少女が今、本当に欲しがっている品が一目瞭然となるため、ご機嫌取りに頭を悩ませる必要がない。的確に少女のご機嫌取りをできれば、それだけ過激な画像や動画を拝める可能性も高まろうというものである。

「あたしの裸はカネになる」

取り引きがさらにエスカレートすると、物々交換の体裁すら取らず、露骨な販売形態となる。児童ポルノの製造元直販ネットショッピング状態である。

この場合、例えばこんなリクエストがきっかけになることもある。

「よつんばいになって後ろからアソコと一緒にお尻の穴も見えるように撮って送ってよ」

裏垢／エロ垢にエッチな画像を貼り付けていると、リプライやダイレクトメッセージを介して、フォロワーの男が自分の性的嗜好によりマッチした画像や動画の撮り方を少女に要求するのだ。出し惜しみなどの駆け引きを知らない少女たちが、言われるがままに彼らの肉欲をより強く刺激する画像を自撮りし、言われるままに公開すると、

「ありがとー！　じゃあ次は よつんばいのままお尻の穴に指を入れて撮って それをＤＭで送って

よ」

などと要求はエスカレートするもの。

そして、この手のリクエストには、しばしば次のようなフレーズが続く。

「DMで送ってくれたらiTunesカード2000円分あげるから」

こうなると決定的に、ほとんどの少女が気付くこととなる。

「あたしの裸っておカネになるんだ」と。

ひとたび気付いてしまったら、もはや歯止めは利かない。少女たちは、これまで無料で公開していた画像や動画に値札を付けて、せっせと売り出すようになる。

支払いはギフト券にて

より高い値を付けるために、大金を稼いでいるほかの人気の裏垢/エロ垢少女のアカウントを参考にして、見よう見まねで過激さを暴走させてゆく少女も多い。

こうした自撮りの児童ポルノは、ネット上では「エロ写メ」や「エッチ写メ」、「エロ動画」、「エッチ動画」などと呼ばれてやり取りされており、中には「オナ動画」や「おしっこ動画」、「おもらし動画」などと撮影内容を具体的に表す呼び名で売り買いされているケースもある。

これらの露骨な呼び方は、買う側の男たちだけがしているのではない。少女たち自身も、そう呼んで〝客〟を誘っているのである。

画像や動画の売買は、基本的にネット上だけで完結する。

手順は、ざっとこう。

まず、リプライやダイレクトメッセージを用いて、ツイッター上で売買交渉をする。内容や画像の枚数、動画なら時間や本数、そして金額といった、諸々の条件をすり合わせるのだ。

商談が成立したら男が代金を先払いする。このときに支払い手段としてよく使われるのが、ネット上で使えるプリペイドカードやギフト券。具体的には、ｉＴｕｎｅｓカードやＡｍａｚｏｎギフト券、ＡｐｐＳｔｏｒｅカード、ＧｏｏｇｌｅＰｌａｙカード、そして、ＬＩＮＥカードなどの商品である。

これらのプリペイドカードは、実際に顔を合わせたり、住所を教え合って郵送したりする必要がなく、ＳＮＳのダイレクトメッセージやメール、ＬＩＮＥなどのメッセージアプリで認証番号を伝えるだけで、贈ったり受け取ったりすることができる。お互いに匿名のまま、ネット上だけで金銭のやり取りができるのだ。こうした利便性に目を付けられて、違法な児童ポルノの売買に悪用されているわけである。

少女が支払いを確認したら、いよいよ相手へ児童ポルノが提供される。点数が少ないとか容量が小さいとかする場合は、ダイレクトメッセージやメールに添付ファイルの形で貼り付けて授受され、点数が多かったり重い動画があったりする場合は、フォルダへ詰めて写真共有アプリへアップロードされたうえで、「合い言葉」などのパスワードがメッセージやメールで発射されることとなる。

少女お手製のオーダーメイド児童ポルノ

めろ-jc３@えっち写メ売ります
写メ15枚３０００円（10枚追加ごとに１０００円） 動画２つで５０００円（１つ追加ごとに２０００円） アマギフでお願いします

なっちゃん-jc２リク受付中
えっちな写真と動画のリクエスト販売してまーす 写真は15枚２０００円 動画は４本で３０００円 気になる方はリプお願いします！

この2つは、ツイッター上でエロ写メ／エロ動画の販売を専門にしている少女のプロフィールだが、ここまで来るともはや小遣い稼ぎという領域ではない。本格的な商売である。

相場などは見てのとおり。真っ当な表の社会では大金を積んでも買えない中学生主演の児童ポルノが、１枚１００円や２００円で取り引きされているわけだ。

しかも、そうした画像や動画は、被写体本人の家内制手工業による産地直送。ペドフィリアにはたまらないことだろう。

……しかし、この事案で何よりも禍々《まがまが》しいのは、少女たちがペドフィリアの要求に応えて猥褻な画像や動画を作っている点。

その〝客〟専用のオーダーメイド児童ポルノである。年端もゆかぬ少女たちが、数千円のプリペイドカードのために、ペドフィリアたちの歪んだ欲望を、率先して叶えているわけである。

それでもこの手の少女のアカウントを見ると、少女自身に痛みはないようである。少女自身は自分のスマホで、自分の裸体を〝いつものように〟撮るだけだからだ。

数百円や数千円といったら、一般的な大人の金銭感覚に照らせば「わずか」と言っていい額だろう。自らの性器や猥褻行為を写した画像や動画と引き替えるには、とてもじゃないが見合わない額と言える。

しかし、子供にとってはそうではない。しかも、地道に稼げば結構な額となる割に、わずかな通信費を除けば、元手はほとんどかからない。羞恥心や良識の欠如した少女にとっては「おいしいバイト」と捉えられるのも致し方ないことかも知れない。

——こうして、好奇心旺盛でエッチに興味津々なだけだった少女たちは、自らの性を換金することを覚えるのである。

が、こうなると当然、ここで終わるはずもない。少女には、まだまだほかにも売り物となるものが山ほどあるからだ。

【第3段階】

使用済み下着の販売

パンツをその場で脱いで売る

場所は都内の某ショッピングセンター。少女に指定されたのは、その最上階にあるトイレ前。広大な館内は家族連れやカップルで賑わっていたが、そこだけは賑わいから取り残されたように寂しく、人影はほとんどなかった。

その少女・ミユは、トイレ前のベンチに座って待っていた。

ミユは、ネット上で使用済み下着を売っている少女。

髪は真っ直ぐに背中の中ほどまで伸びたロングの黒。ほっぺたのぷっくりとした健康的な顔立ちで、化粧っ気はなく、服もひざ丈のプリーツスカートに、白いブラウスと薄いピンクのカーディガンを合わせたもの。

彼女に限ったことではないが、今どきのいわゆる「いい子」と「悪い子」は、見た目だけでは見分けられない。「逸脱した子は髪を金色に染めている」とか、「乱れた服装をしている」とかのイメージは、時代から取り残された大人たちが勝手に抱いているものに過ぎない。それが証拠に、このミユもパッと見はむしろ清楚なお嬢様という印象。

そんなミユに、下着売りの手口を取材するため、インタビューを申し込み、この日、対面の運

びとなったのだったが、

「とりあえず今から用意しますね？」

顔を合わせるや、ミユは言葉で説明するのが面倒なのか、実際にやって見せると言い出した。

手口を実演するというミユは、まず筆者に向かって手提げの小さな紙袋の口を広げて見せた。

都心の有名洋菓子店で買い物をした際に商品が入れられていたという、ごく普通の紙製の手提げ袋である。

広げた中は空だった。

中が空なのを見せると、

「じゃあ今から脱いで来ますね」

紙袋を手に、女子トイレへと入っていった。

待つことわずか2～3分、ミユはトイレから出て来ると、

「はい」

それだけ言って無表情のまま、手にした紙袋を突き出してきた。

受け取って袋を開くと、中には丸まったピンク色の布きれが一つ。手に取ってみると、ほんのりと人肌の温もり。広げると、女性用のショーツであった。

ミユは先ほどまで穿いていたのを、たった今、トイレで脱いで持ってきたのだ。

ミユの言う「用意する」とは、販売用の使用済みパンツを、その場で脱いでパッキングするという意味なのだった。

こうして顔を合わせて手渡しするのまで含め、ミユの場合、1枚の着用済みパンツを4000円から1万円で売っているという。

受け渡し場所まで足を運んで、現金を先払いで受け取ってから、トイレなどで脱いで袋へ入れて、手渡すのが基本的な流れだという。

――このような、少女たちによるパンツやブラジャー、ストッキングや靴下などの使用済み下着を販売する行為が今、ネット上で横行している。

この使用済み下着の販売行為も、エロ写メやエッチ動画と同様に、男たちからのリクエストがきっかけとなって少女が乗り出すケースが多い。

少女たちがネット上で自撮りの画像や動画を売っていると、ペドフィリアの男たちから、

「パンツは売ってないの？」

「iTunesカード5000円分あげるから、汚れたパンツちょーだい」

などと誘いを受けるのだ。

そのようなリクエストにヒントを得て〝開業〟するほか、別の少女が下着売りのアカウントで稼いでいるのを見て、それに触発されてやり始めるケースも多い。

ブルセラの現在形

少女たちが着用済みの衣類や使用済みの身の回り品などを販売する行為は、「ブルセラ」問題などとして90年代にも社会現象となったもの。

かつて、女子高生が着用した制服や体操服、下着などを販売していたのは、ブルセラショップと呼ばれる店舗型の業者。ブルマーやセーラー服を主に取り扱っていたことから、それらを略して「ブルセラ」と呼ばれるようになった。

この業者による店舗型の販売形態は、90年代に大きく社会を賑わせた後、２０００年代の中盤以降、急速に下火となった。

その裏には、大きく2つの理由があった。

一つは、ブルセラショップの相次ぐ摘発。古物営業法違反や、青少年保護育成条例違反の名目で、下着をはじめとする18歳未満の着用済み衣類を取り扱うことが法律で厳しく規制されたため。

そうした法的な縛りのために、現存するブルセラショップでは基本的に18歳以上の者からしか中古衣料の買い取りを受け付けていない。18歳未満からの買い取りをやめたわけである。ということはつまり、店舗型のブルセラショップでは18歳未満の少女の使用済み品が売られることもなくなったわけだ。そのためブルセラショップからロリコン客の足が遠のき、衰退の一途をたどったのである。

店舗型が衰退したもう一つの理由は、業者によるインチキ商品の流通。

ブームの最中の90年代末には、需要の高まりに供給が追いつかないとか、あるいは仕入れコストを下げるためとかの理由で、男性従業員など女子高生本人以外の者が汚したショーツやブラジャーを、「少女による汚れ物」と偽って販売する行為が横行した。これがマニアたちの知るところとなり、客が一気に引いたこともあって、ブームは急速な終息へ追いやられたわけだ。

そうしてブルセラショップは次々と店じまいし、市場規模も急速に縮小した。……が、その手のマニアが消滅したわけではない。

業者による店舗型販売が衰退すると、ネットオークションや出会い系などへ場所を移し、また売り方も業者を介するのではなく、汚れ物の〝生産者〟である少女が男性客と直接取り引きをする個人売買方式へと変わって、そのムーブメントは引き継がれた。

しかし、この売り方も、すぐに少女個人を偽装した業者だらけとなり、また同時にＹａｈｏｏ！オークションなどの大手オークションサイトでは法的・倫理的観点から中古下着の出品が規制されたことも手伝って、しばらくすると売買が人目に付くこともなくなっていった。

――そうした流れをたどったブルセラ市場が、現在、主戦場を出会い系やツイッターなどのＳ

ＮＳへと移して、再び活況を呈している。

ブルセラ行為のブームが再燃している裏には、やはりＳＮＳやメッセージアプリの存在が大きい。生産者である少女と客となる男とが、容易に直接つながることができるのが一番の要因であろう。

少女と客との直接取り引きには、客にとっては騙《だま》しや偽装に引っかかる危険性が少ないというメリットがあり、少女の側には業者に中間搾取をされず丸儲けできるうま味がある。

かくしてＳＮＳでは、自らの汚れ物を売りさばき、小遣い稼ぎに奔走する少女が跋扈《ばっこ》することとなった。

――ショッピングセンターのトイレの前で、筆者へ向けて脱ぎたてのパンツを差し出して見せたミユも、ツイッター上で客を引いてシノいでいるそんな下着売り少女の一人であった。

おりもの、経血、おしっこ……汚し方で価格が変動

ミユに手渡されたパンツは、見たところほとんど新品のようで、ざっと見た感じでは染みや汚れは見当たらなかった。

それもそのはず。ミユによると、

「それ、売る用で買ったばっかりのだから、まだ新しいやつですよ」

とのこと。

多くの場合、販売用のショーツには、1枚200～300円とか3枚1000円とかで安売りされているものが用いられている。ミユも同様で、そうした〝商売用〟のパンツを、オーダーが入ったら受け渡しの前夜や当日朝から穿き始め、半日から1日程度身に付けて、自分のニオイや汚れを移してから客に引き渡すのだという。

ざっと1枚200～300円の安物パンツが、脚を半日通しただけで5000円に化けるわけだ。少女ならばこその錬金術である。

ミユの場合、事前に客から使い古しを求められた場合のみ、普段愛用しているものの中から手放してもよいと思えるものを選び出し、売るのだという。その場合、3000円から1万円の追加料金が上乗せされる。

そのほかにも、SNS上で使用済み下着を売りさばいている少女たちの多くは、さまざまなオプションを用意しているケースが多い。

「オプションを付けて買ってもらえると、1枚のパンツが2万円くらいになることもあるからオイシイ」とはミユの弁。

ではそのオプションには、どのようなものがあるのだろうか？

ミユの証言に加えて、ＳＮＳで下着売りをしているほかの少女のアカウントなどを見てみると、よくある事例だけでも、ざっと次のようなものが確認できる。

・穿き古し指定

：新品ではなく、汚れの染み込んだ日常使いの使い古した下着を売り買いする。

・デザイン指定

：例えば「レースやリボンなどの飾りの多い女性的なものを」とか「イチゴ模様の幼い感じのものを」とかと、デザインや色を指定しての売り買い。

・日数指定

：例えば「１週間穿きっぱなしにして汚しまくってくれ」などと着用日数（≒汚れ度合い）を指定しての売り買い。

・オナ指定

：「そのパンツを穿いた状態でオナニーして」と指定することで、自慰の際に分泌される体液を故意にパンツに付着させること。

・おりもの指定
…おりものの多い時期に着用したうえでの売り買い。

・生理指定
…月経期間中に着用して、意図的に経血を付着させたうえでのパンツの売り買い。

・おしっこ指定
…放尿をした後に局部を拭かず、意図的に尿を付着させたうえでのパンツの売り買い。

・おもらし指定
…パンツを穿いたままで放尿し、尿で盛大に汚しての売り買い。

・生脱《なまぬ》ぎ
…ただ手渡しをするだけでなく、客の目の前で脱いで見せる売り買いのスタイル。ショッピングモールや、公園、図書館、役所などの多目的トイレへ客の男と一緒に入って行うという。

各オプションは、１件につき３０００円から１万円程度で追加されるケースが多い。ミユの場合、その額は相手の雰囲気や常連度、あるいはそのときの自分の金欠度合いによって、成り行きで決めているという。

目の前で脱ぐ少女たち

数あるオプションの中で、ミユを含めた多くのケースで、特に人気が高いのは、生脱ぎ。

ミユによると、その理由は、

「男の人って証拠を求めてくるんですよ。『それホントに君が穿いて汚したやつ？』とか言って。だから目の前で脱いでって言われることが多い」

とのこと。

目の前で脱いで渡せば、汚れの主が誰であるかに間違いがなく、客の男にとっては安心というわけだ。

ミユがショッピングセンターで筆者に向けて手渡し販売を実演して見せた際、まるで出し物に入る前のマジシャンが「タネも仕掛けもありません」と客に向かってそうするように、まず空の紙袋の中を広げて見せたのも、「今から渡すパンツは持参したものじゃなく、今あたしが穿いてるやつです」ということのアピールだったわけだ。ちょっとしたことだが、これをしないとトラブルになることがあるのだという。

「とにかく疑ってくる人が多くて、それがホントにダルいんですよね。だったら見せちゃえば早いやって。そうすれば、あたしが穿いてた証拠になるから」

そう言った後で、ミユはさらっと付け加えた。

「生脱ぎが人気なのは、脱いでるときにミユのアソコがちょっと見れるからっていうのもあると思うけど」

見も知らぬ男に、陰部を直接見せるわけだ。

しかし、ミユをはじめ下着売りの少女たちは、見られることに特に思うところもないようである。それもそのはず、性器を人に見せることなど、裏垢／エロ垢少女にとっては、これまでに飽きるほどやってきたこと。感覚が麻痺しており、今さら何とも思わないのだろう。

汚れた下着の宅配便

生脱ぎとは逆に、手渡しのできない遠方に住む客などに売ることもある。

その際は、エロ写メやエッチ動画と同様に、ｉＴｕｎｅｓカードやＡｍａｚｏｎギフト券などのネット上だけでやり取りできるプリペイドカードで、客が先払いをするケースが多い。支払いを少女が確認した後に、郵便や宅配便で汚れた下着を送るのだ。

このとき、おりもの指定や生理指定、おもらし指定などの水分が多めとなっているモノは、水気やニオイが漏れないようにチャック付きビニール袋へ詰めてしっかり密封してから、紙袋へ入れて発送するという。

「そういう気づかいをしてあげると、お客が定期さん（リピーターのこと）になってくれるんですよね」とミユ。

パッキングする紙袋には、衣服や小物、菓子類などを購入した際に入れられてくる手提げ袋など、そのときどきで手近にある袋を適当に使うとのこと。手間もカネも極力かけたくないからだ。

しかし、ミユによると、

「会って手渡しする方が楽でいいですよ。お買い物とかのついでにパッと会っちゃえば５分か10分で済むじゃないですか。袋に入れて送るのって、けっこうメンドいですから」

面会して売る方が、その場で支払いを確認できるので、取りっぱぐれたり金額を誤魔化されたりすることもなく、それもよいのだという。

少女たちにとっては、見ず知らずのペドフィリアに会う恐怖心や、その男の目の前で下着を脱ぐ羞恥心よりも、宅配便で荷物を送る手間や、カネの心配の方が重いのだ。画像や動画を売っている頃には、わずかにとはいえまだ残っていた警戒心も、性の切り売りを常習化することで、あっという間に薄れるわけだ。

少女たちの錬金術

いや、問題はメンタルの面だけではない。営業内容もSNSならばこそ、似たもの同士で知恵を付け合ったり、客となる男たちに入れ知恵されたりするために、周到かつ充実したものとなりがちで、それがまた少女たちをさらなる深みへと誘い込む。

例えば——パンツは少女たちにとって、取り扱い品目の一つに過ぎない。

ミユによると、パンツのほか、ブラジャーやストッキング、靴下、タイツなども、たびたび注文の入る主力商品であり、ほかにも「昔着てた学校の制服とか、体操着とか、水着とか、何でも『売ってくれ』ってDMが来る」という。

また、ここでも自慰に使ったアダルトグッズの売買を持ちかけられることもあるそうな。

「あたしオナでバイブとかローターって使わないし、持ってないからそう言うんだけど、そしたら『じゃあ買ってあげるから、それ使ってオナしてから返して』とかって言われたり」

多目的トイレへ一緒に入って、目の前で使って見せてくれと持ちかけられたこともあるという。

ほか、ツイッター上のブルセラ系アカウントを見てみると、使いかけの化粧品やメイク道具（特にリップクリームや口紅が多い）、使用済みのマスク、履き古した靴、使い古したバッグや文房具……なども売り物となっているケースがいくつも見られた。

中高生時代に使っていた教科書や、音楽の授業で使った縦笛《たてぶえ》、学校指定の運動靴や上履きなどの学用品には、数万円の高値が提示されているケースもあった。

18歳未満であることを想起させるモノはもちろんのこと、そうでないモノも、ひとたび少女の属性を与えられると、あらゆる物品がプレミアムをまとった高額商品へと化けるわけだ。

使い古しやゴミまでが、ペドフィリアを前にするとカネに化けるのである。目先のカネしか眼中にない少女たちには、もはや「売るな」と言うのが無理な話なのかも知れない。

「でも、昔の制服とか体操着なんて、もう持ってるわけないじゃないですか？　だから、どうしても欲しいって言われたら、安い制服みたいな服を適当に買ってきて、何日かお部屋で着てシワシワにしてから売ったりもするんですけど」とミユ。

安売りパンツを仕入れて高額で売るのと同様に、少女たちはさまざまな物をせっせと仕入れては、自分のニオイや染みを付着させて、使用済み商品に〝加工〟してまで売りまくる。ロリコン相手のロンダリングである。

かつて少女の一部だったモノ

いやいや、それでもパンツや制服ならば、まだ生やさしいもの。ブルセラ市場で売買されるものは、何も衣類や物品だけとは限らない。

ツイッター上に跋扈する下着売り少女のアカウントをよく見てみると、使用済みの衣類や日用品とはまた別の商品群があるのがわかる。

——体液や老廃物である。

そのラインナップは、確認できただけでも、

- **抜けた髪の毛**
- **陰毛**
- **切り落とした爪**
- **耳垢**（使用済み綿棒の形で売買）
- **鼻水**（ティッシュで鼻をかんで普通に出すほか、ハンカチで鼻をかみハンカチも込みで売買す

る手法も）

・**おりもの**（使用済みのおりものシートとして売買）

・**経血**（使用済みのナプキンやタンポンの形で売買）

そして、

・**唾液**

・**尿**

少女の身体から離れたものなら、考え得るありとあらゆるものが商品となるわけだ。いや、むしろ制服や下着類よりも、こちらの方が高値で取り引きされることもしばしば。

それにしても客となる男たちは、そのようなものを買ってどうするというのか？

下着売りの少女のアカウントからたどって、購入者のアカウントを見てみると、ある者はニオイを嗅いで楽しみ、ある者は自慰の際にペニスに塗り付けて使い、またある者は舐めたり飲んだりしているのだった。

買った汚物の〝使い道〟

ミユによると、

「ツバとかオシッコを手渡しで売るときは、『今飲むから、飲むとこ見てて』って言われることもありますよ」

ともいう。

ミユは唾液や尿を売る際も、パンツを売るときと同様に手渡しですることが多いというが、そのときに客である男の中の幾人かは持ち帰ってどうこうするのではなく、何と「今、この場で飲むから、そのまま見ていてくれ」と要求してくるというのだ。

少女から買い取った唾液や尿を飲む……。

しかも出した本人の目の前で……。

そんな姿を見せられて、気持ち悪くはないのだろうか? 訊ねてみると、「それは確かにキモいですけど、でもオプションで上乗せがあるから別にかまわない」とミユ。

彼女の場合、唾液は5000円前後で、尿は8000円から1万円で売ることが多いというのだが、ここでもパンツと同様に、数々のオプションを設定していた。

ミユによると、人気のオプションは「生放尿《なま》」。多目的トイレへ客の男と一緒に入るなどして、客の目の前で放尿し、売り物の尿を出すのだという。

「これなら絶対にあたしのオシッコってことで間違いないですから」

確かに、その尿の〝生産者〟が少女であるという証拠として、これ以上のものはない。

「あと、これもあたしのアソコが見れるから、それも大きいと思いますけどね」

パンツの生脱ぎのときと同じく、そんなことを淡々と話すミユ。見ず知らずのロリコン男に性器どころか排泄姿まで見られることにも、羞恥のカケラさえ見せないのである。

いや、それどころか「生見せ《なまみ》をすれば、相手にもよるけど５０００円とか追加で取れるから、生見せはオイシイんですよ」とまで言う始末である。

裏垢／エロ垢で画像や動画の形でとはいえ、これまでに放尿姿を不特定多数へ向け、散々披露してきた少女たちだけに、もはや当然のことなのかも知れないが……。

捨てるモノほどカネになる

唾液や尿のような液体は、容器に入れて引き渡すという。

唾液なら化粧水などを小分けするための小さなガラス瓶へ、尿なら中を空にした小型のペットボトルへ入れて売り渡すことが多いという。

ミユの場合、この際も基本的には、まず空の小瓶やペットボトルを客に見せ、空であることを確認させてからトイレなどで自分のものを直接出して、中へ溜めて手渡すという。

そうして出した尿や唾液を、目の前で客が飲み下すことさえあるわけだ。

「それも一応オプションで。1000円とか2000円とか3000円とか追加で取れますから」

毎日数回、当然のように出す尿を、ボトルへ詰めて客へ渡せば、それが5000円ほどの現金に化け、さらに客の目の前で出したり、客が飲むのを見届けるだけで、さらに数千円から1万円ほどの現ナマが上乗せされる——ティーンエイジャーにとっては大きなシノギに違いない。

しかし、そうは言っても、尿と言ったら排泄物である。それを目の前で飲まれるなど、やはりさすがに気持ち悪くはないのだろうか？　改めて訊ねてみると、

「でも、見てるのは一瞬じゃないですか。それで3000円とか5000円プラスになるんだから、じゃあいいかなって思いません？　捨てるものがおカネになるわけだし、相手もそれで喜んでるんだから、別に悪いことしてるわけじゃないし」とミユ。

やはりまともな感覚ではない。……が、こうした意見は、決して彼女だけのものではない。

ツイッター上で商売をしているブルセラ少女に訊ねてみれば、少女たちのほとんどが、言葉は違えどおおむねこのような考え方でいることがわかる。

それどころか、むしろ、

「ゴミがおカネになるんだから、売らない方がバカじゃない？」

「下着と違ってオシッコだったらタダでいつでも出せるから、パンツを売るよりもオシッコを売る方が断然オイシイ」

などとうそぶく者さえ少なくない。

確かに経済効率だけを考えるなら、これほどのものはそうないだろう。援助交際の市場を舞台に繰り広げられる、究極のリユース＆リサイクルである。

……が、しかし、３００円のパンツを５０００円で売り、下水管へ流すはずの尿を８０００円で売る少女は、その少なからぬカネと引き替えに、人として大切なものを失いかけてはいないだろうか。

汚れ物や排便姿を見られても「別にかまわない」などと平然と言ってのけたり、自分の汚物や体液を目の前で飲み下されるのを平気で見届けることができてしまったりするのは、どう考えても健康的なメンタリティとは言えないだろう。それが思春期の少女となれば、なおさらのことである。

使用済みパンツや排泄物の販売を常習化することで、少女たちは嫌悪感や抵抗感、良識といったものをそっくり鈍磨させてゆく。

――しかし、それに加えて恐ろしいのは、少女たちが自らの出したゴミや老廃物までもが売り物になるということを知ってしまったことにある。これは、ある種の相手にとっては、自分が無上の価値を持つという歪んだ事実を、決定的に知ることでもある。

羞恥心や警戒心の希薄化と、圧倒的な万能感による陶酔――この2つを味わうことで、少女たちはシノギをますます過激化させて、泥沼のさらに奥深くへと沈みゆくこととなる。

【第4段階】援助交際の開始

カラダを売る少女たち

JK1　153　Bかっぷ／ホ別／ゴムあり本番2　生3　中出し6～　高額優先／キス5000　フェラ5000　ごっくん1／痛いの汚いのNG　20以下と学生も受け付けません／ホテル内先払い／定期さんも募集中／制服アナル撮影は相談で

何やら暗号めいた文言が並んでいるが、これはある少女によるツイート。その手のツイートとしては典型的なものである。

わかりやすく表記し直すと次のようになる。

高校1年生です　身長153㎝　バストはBカップです／以下はホテル代別の料金となります／コンドームを使っての性交は1回2万円　コンドーム不使用の生ハメ性交は1回3万円　膣内射精を伴う生ハメ性交は1回6万円より　高額を付けてくれた方に優先的に売ります／キスは別途5000円　フェラチオも別途5000円　口内射精された精液を飲み下すのは別途1万円にて承《うけたまわ》ります／SMなどの痛いプレイやスカトロなどの汚いプレイはNGです　未成年者や学生の

お客さまもお断りしています／料金はラブホテルへ入室したら行為前に先払いしていただきます／定期的にお買い上げいただく常連さんも募集中です／高校の制服を着用してのプレイやアナルセックスやハメ撮りは金額次第で受け付けます

そう、このつぶやきは高1少女の「料金表」なのである。

少女たちは、エロ写メや染み付きパンツの販売を通して自らの性が換金可能であることを知ると、遅かれ早かれ自分のカラダそのものを売るようになる。

お決まりの援助交際である。

当然だろう。結局はカラダを売るのがもっとも手っ取り早く、より大きな現ナマを手にしやすいからである。

見も知らぬ男に組み敷かれ刺し貫かれても、心を殺して実質30分程度の時間をやり過ごせば、それで数万円の現ナマを手にできる――それが援助交際である。

この高1少女のツイートを見ると、彼女の売り値は1回のセックスが2万円から6万円。日頃彼氏としていることを、相手をペドフィリアの客に変えてするだけで、大枚数万円もに化けるわけだ。

ツイッターが少女売春の温床にも

このように援助交際という名の売春にいそしむ女子中高生が今、ツイッター上にあふれている。冒頭に記したようなツイートで援助交際の相手を募るアカウントのことを、少女たちは「援垢」と呼んでいる。「援助交際アカウント」を略したうえで当て字を当てたものである。

裏垢少女やエロ垢少女が、そのまま援垢少女へと鞍替《くらが》えしているケースも多い。それまでに稼いできたフォロワーが、そのまま顧客リストとなるからだ。

派手な児童ポルノで取り巻きを増やしてきた少女なら、売り込み先に困ることはない。数千人から数万人ものフォロワー男が、そっくりそのまま潜在的な客となる。

SNSなら、やり方も簡単。アカウント名に「援交募集」とか、その略である「援募」とかと書き加えれば、それがすなわち営業開始のサインとなる。あとは似たような援交少女のアカウントから見よう見まねで、販売条件やプライスリストを自分のプロフィール欄やツイートに入力するだけ。それさえも面倒ならば、コピー&ペーストすればよい。思い立ったら指先一つで、ちょちょいと表示を書き直すだけで、立派な娼婦の一丁上がり、である。

援交もツイッターを使えば手軽に開始できるのだ。履歴書を書いてどこかへ提出したり、アポを取って面接を受けたりする必要はない。そのうえ、稼げる額は真っ当なアルバイトとは比べるべくもない。特に中学生となると基本的にアルバイトをできないため、親に内緒で大金を手にするためには、なおさら援交系の小遣い稼ぎに手を染めがちという側面もある。

いや、女子中高生だけではない。援交少女の中には、高学年の小学生女児さえも存在する。いずれにせよツイッターは今、児童ポルノばかりか児童売春の温床ともなっているのだ。

出会い系アプリや出会い系掲示板もさることながら、このツイッター上で展開される援交募集は今、売る方も買う方もほとんど摘発されていないのが不思議なほど大っぴらに行われている。

また、家出をきっかけに援交を始める少女も少なくない。

近年、親との反りが合わないとか、単に小言を言われるのがウザいとかで、すぐに家出をする少女が増えている。そうした少女が寝泊まりをする場所に困ったり、家出中に軍資金が心もとなくなったりしたとき、その旨を何気なくツイッターでつぶやくと、それを目ざとく見つけたペドフィリアたちから、

「だったらウチに泊めてあげるよ」

「会ってくれるなら援助するよ」

などと、支援の立候補を盛んに受けるもの。

家出を何度も繰り返す子などは、最初からそれを計算に入れて、ツイッターのほか出会い系サイトや掲示板まで使って、あらかじめ宿泊先や収入源を確保してから家出をするようにもなる。

そしてそのうち味を占め、家出をしていないときにも〝支援者〟を募るようになり、援助交際を常態化させるのである。

無避妊性交と膣内射精の横行

それにしても目を覆いたくなるのは、募集をかける際の文言である。

冒頭に引用した援募ツイートでも「本番」やら「生」やら「中出し」やら、挙げ句には「フェラ」だの「アナル」だのといった単語が飛び交っているが、それらは少女たち自身が記しているもの。つまり、少女たちにそうした知識があり、なおかつ、そうした言葉を大っぴらに使うことに恥ずかしさを感じてもいないわけである。少女たちにとって貞節などという言葉は、もはや死語中の死語に違いない。

加えて驚くべきは、少なからぬ援交少女たちがコンドームを使わずに売春をしている点。

なぜ少女たちは「生」でするのか？　もちろん、より大きな額のカネを手にできるからにほかならない。

冒頭の高1少女の料金表を見てもわかるとおり、性交1回の相場はコンドームを使ってすると2万円であるのに対して、コンドームを使わずにすると3万円に跳ね上がる。目先のカネに走るのならば、断然「ゴムなし」の方が割がいい、というわけである。

当然のことながら、コンドームを使わずにセックスをすれば、売り上げだけでなく性病罹患率も格段に跳ね上がる。特定のパートナーとのセックスではなく、買春常習者率の高いであろう援交客が相手となれば、なおさらである。

そして、さらに驚くべきは「中出し」の横行である。

中高生の少女が、どこの誰ともよくわからぬ相手に、膣内射精を日常的に許しているのだ。考えるだに恐ろしいことだが、これもすべてはカネのため。コンドームを使ったセックスの相場が1回2万円であるのに対して、冒頭の高1少女のツイートにもあるとおり、コンドームを使わずに膣内射精をさせることで、1回の実入りは一挙に3倍の6万円にまで跳ね上がる。

もちろん、膣内射精をさせれば、生ハメに上回るリスクが加わることとなる。望まぬ妊娠の可能性である。

中出しを営業メニューにリストアップしている援垢少女には、「ちゃんとルナルナを使ってるから安全日と危険日はわかるし、危険日は中出しはやらせないようにしてるから大丈夫だよ」などと言う子は多い。〈ルナルナ〉とは、基礎体温を記録することで、次の月経日や排卵日を予測できるアプリのこと。

堕胎費用もカラダで稼ぐ

しかし、中高生となるとまだ生理周期が安定していない可能性も高く、排卵日から逆算しても、いわゆる「安全日」が本当に安全であるとは言い切れないはず。しかも、その年齢ゆえ婦人科などで低用量ピルの処方を受けて服用している可能性は低く、またペッサリー（ましてや避妊リング）を使っている可能性も限りなくゼロに近いものと思われる。

つまり、望まぬ妊娠の危険性は、成人女性のそれよりも格段に高いと言えるだろう。

いや、それどころか、「自分の身体のことは自分が一番よくわかってるよ。『今日はヤバいかも』ってときは何となく自分でわかるから、そういう日は中出しのお客は断ってるから大丈夫」などと、勘だけを頼りに営業している少女さえ少なくない。

これでは身元の不確かなロリコン客との子供を懐胎するなと言う方が無理というもの。

現実に、客との間に子供ができて慌てている子も、しばしば目にする。

例えば、筆者が長期間に渡って追跡取材をしていた、ある援垢少女のケース。この少女もツイッター上で盛んに客を引いては売春にいそしんでいたのだが、ある日を境に援交募集を突如ストップ。それと同時に新規のツイートも停止した。そのまま足を洗うなどしてフェイドアウトするのかと思いきや、2カ月ほど後に、アカウント名を書き換えてツイートを再開した……のだが、その新しいアカウント名が何と「援@中絶費用募集」。

再開されたツイートには、

「妊娠しちゃいました 助けてください」

「今月中に13万貯めないと堕ろせないいんです 親にバレずに中絶したいんで大至急おカネくださ い」

「早くしないと堕ろせなくなるのでお願いします 今月中に堕ろしたいんで中絶費用出してくださる方も募集してます」

などと悲痛な叫びの数々が。

それにしても、援交による望まぬ妊娠の尻ぬぐいを、よりによって援交で稼いだカネでしようとは……。援交少女の壊れた感覚が、こんなところからも見て取れる。

性風俗店ばりのオプション設定

さて、最新型の援助交際には、生ハメや中出しのほかにも、いくつか特徴的なことがある。

その一つが、オプション。パンツ売りで登場したあれが、ここでも幅を利かせているのだ。

援交では一連の性行為が細分化され、各段階がそれぞれオプションとされることが多い。例えばキスや、オーラルセックスをはじめとする各種の愛撫を、それぞれオプションとし、追加料金を要求するのだ。交接自体に関しても、1回の売りにつき基本料金に含まれるのは射精1回までとして、2発目以降はそれぞれ別料金のオプションに設定している少女も多い。

このように細かくオプションを設ける裏には、大きく2つの理由がある。

一つは、少女たちができるだけやりたくないことを避けるため。別料金としておけば、やらずに済ませる客も多いだろうという希望的観測によるものである。

そして、もう一つには、やはりカネ。オプションを多く設定すれば、その都度、追加料金を取れるため、総支払い額を吊り上げやすい。

例えば、冒頭の高1少女の場合であれば、キスとフェラチオが5000円追加のオプションとされている。つまり、コンドームを使用する性交で、キスとフェラチオもするのであれば、支払いはホテル代別で計3万円、コンドームを使わずに膣内射精をするセックスでキスとフェラチオもするのであれば、総支払い額は7万円ということになる。キスやフェラチオをオプションにすることで、1回の性交で1万円も実入りが違ってくるわけだ。

ツイッター上に乱立している援垢群を見てみると、キスやオーラルセックスのほかにも、

・バイブなどのアダルトグッズを使ってのプレイ

・客の肛門を舐める
・おしっこしている姿を見せる
・おしっこを客の顔などへかける
・目隠しプレイ
・客の唾液を飲む
・アナルセックスをする

……などの行為が、それぞれ５０００円から1万円程度の追加料金で行われているケースが目に付く。性風俗店も顔負けのメニューであるが、今の女子中高生はこれをやっているわけである。

挿入未満の援助交際

最新型の援助交際で、次に特徴的なものと言えば「プチ援交」というものがある。「プチ」と略されることも多いこれは、本番行為未満の援助交際。

営業内容は、おおむね次のようなところ。

・デート

：性行為はせずに、一緒に食事をしたり映画を観たりするなどの疑似デートだけをする。これを特に「デート援交」や「デート援」と呼ぶことも多い。

・手つなぎ

：性行為はせず、デートをしながら手をつなぐまでにとどめる。

・キス

：デート＋キスまで。

・オナ見

：客の自慰行為を少女が見る。

・オナ見せ

：少女が客に自慰行為をして見せる。

・裸を見せる

：文字どおり、少女が客の目の前で脱衣し、裸体を見せる。

・アソコを見せる

：パンツを脱いだり布を横へずらしたりして、局部だけを見せる。

・クンニ

：客が少女の性器を舐める。
・フェラ
：挿入行為はなく、フェラチオのみで客を射精させる。
・手コキ
：手で陰茎をしごくだけで客を射精させる。

裸になったり抜き行為を伴ったりするものは、ラブホテルのほか、カラオケボックスやネットカフェ／漫画喫茶の個室、さらには下着売りの生脱ぎなどと同様に、ショッピングモールや公園、公共の施設などにある多目的トイレで行われる。

処女までもが援交で荒稼ぎ

こうした手法は、当初「月経期間中で本番セックスはできないが、どうしても稼ぎたい」という少女たちの間で編み出されたものだが、すぐに「本番みたいにダルくなくて、短時間でサクッと手軽に稼げるやり方」として広まって、多くの少女の間で採用されるところとなった。
「夕方から学習塾や習い事があるので、あまり時間はかけられないが、10分や15分で手や口で抜いてあげるだけならできる」などの理由でプチが行われるケースも多い。また、「夕方から友だちと遊びに行ったり彼氏とデートに行ったりするので、その前に軍資金を増やしておきたいが、本番援交をしているほどの時間はない」といった理由でプチの募集がかけられることも多い。

プチは多くの場合、1回＝1プレイが数千円から1万円前後という価格で行われている。

一見すると、客単価が下がるため、カネに貪欲《どんよく》な少女たちにとっては、うま味が減るようにも思える。が、少女たちに言わせると、プチにはプチなりのメリットがあるという。

そのメリットとは、ざっと次の3つ。

①抵抗感がより少ない

プチは挿入行為を伴わないため、例えば彼氏がいるなどして本番援交に抵抗を感じる少女でも、心理的に無理なくできるという。また、買春者の容姿や清潔度に問題を感じて、本番行為や肌を触れ合う行為には抵抗のある場合でも、プチであれば許容範囲内として行えることも少なくないため、せっかくの客を取りこぼすことなくガッチリ稼げてよいという。

②数をこなせる

少女らによると、公衆トイレなどで手や口を使って射精をさせるだけならば、1回10分足らずで客を消化できることも少なくないという。そのため、買春客を上手くブッキングできれば、１時間で２～３人をこなすこともでき、結果的に本番援交を１人するよりも大きな額を――しかも、しばしば本番をするよりも楽に――稼げるという。

③客を捕まえやすい

ほとんどの場合、本番援交よりプチ援交の方が、１回当たりの支払い額は少ないもの。それだけに買春客は気軽に買いやすく、その分、少女にとっても客を捕まえやすくなる。

このデフレ時代、単価が下がった方が客を取りやすくなるため、トータルで見れば稼げるケースがあるわけだ。児童売春の薄利多売である。

儲けや売り値だけでなく、膣挿入を伴わないため、内容的にも一見すると援交としてはライトなものと思うかも知れない。……が、しかしこのプチ、本番アリの援交よりも、実は恐ろしい一面がある。

本番行為を伴わないため、メリット①にあるように少女たちの本来感じるべき抵抗感も控えめとなっているのだが、そのせいでこのプチが、多くの少女たちの援交市場への参入の足がかりとなっている現実があるのだ。

「膣挿入には踏み切れないけど、フェラくらいなら、あたしにだってできるもん」というわけだ。

また、膣挿入を伴わないということは、つまり性交未経験の少女にもできてしまうということでもある。

実際に、ツイッターを見ていると、

「処女なのでプチしかできませんけど興味ある人はDM来てください」

「援募 ただし処女なので挿入は無しでお願いします」

「16さいの女子高生です 処女なのでプチのみ受けつけます」

といった募集ツイートも、しばしば目にする。

今という時代は、性交未経験の少女までもが日常的に援交に手を染める時代なのである。

複数姦にも抵抗感ゼロ

次々と新たな手口が現れては消えてゆく中、ほかにもここ最近、少女たちの間で流行っている売り方がある。

その一つが、3P。3人でするセックスである。

一口に3Pと言っても、いろいろなパターンがあるが、援交の場面で多いのは、女2+男1の組み合わせ。買春客１人に対して、売り手の少女が２人付くやり方である。援交少女が、援交仲間の友だちや学校の友だちとコンビを組んでセット売りをして、１人の客に２人で付くのだ。

性風俗用語で言うところの「二輪車」というやつである。成人のプロの風俗嬢がするようなことを、中高生の少女たちがネットで見聞きした知識を元にシノギに取り入れているのである。もちろん「３Ｐ」という単語も、少女たちが客を引く際に実際に自分たちで使っているものである。

それにしても、なぜ少女たちはそのような売り方をするのだろうか？

実際にやっている少女の話を要約すると、「１人で援交をするのは心細かったり恐かったりすることもあるけれど、友だちと２人ですれば心強いし、見知らぬ客とホテルの部屋という密室に入っても犯罪に遭いにくいのでいいから」とのこと。要するに、安全を担保するために２人で組んでいるわけだ。

加えて、ホテルへ入る前段階の交渉の際にも、「２人の方が強気に出られるから、客に丸め込まれたり妥協したりせずに済み、実際に、１人ずつでバラ売りをするときよりも、１人当たりの取り分が高くなることも多い」とも言う。

しかし、いくら売りやすいからと言って、お友だちと一緒に売春に及ぶとは……。３Ｐをするとなれば、唾液や膣分泌液など、お友だちの体液が付着したペニスなどを自分も舐めたり膣へ収めたりする場面もあるのだろうに、そうしたことに抵抗はないのだろうか。

もちろん、客／友だち／自分の3者間で体液交換がなされることにもなるだろうため、性感染症に感染する危険度も高まることは間違いない。援交少女たちには、貞操観念だけでなく、衛生観念にも危機的なものを感じざるを得ない。

いや、それ以前に、そもそも友人の目の前でセックスをすることに、あるいは友人がセックスしている姿を目にすることに、抵抗感はないのだろうか？　一緒に援交をするくらいなら、多くの場合、深いつながりのある友人であるはずなのだが……。

——抵抗はないのである。

3P売りを専門としているある援交少女などは、買春客からリクエストがあった場合、コンビを組んでいる相方の少女とレズプレイを披露することもあるという。

「一緒に売りをしてる子とキスしたり、シックスナインでアソコを舐め合ったりもしてますよ。そういうのをすると追加でおカネがもらえるから。抵抗感っていうのは……、最初は恥ずかしかったけど、今は別にないですね」とはその3P少女。

筆者が援助交際の取材を始めた1990年代、援交少女が怖れるものの一つに「友バレ」というものがあった。援助交際をしていることが友人にバレるのを極度に怖れていたのである。

もし援交をしていることがクラスメイトなどにバレると、「カネのために何でもする卑しい《いや》ヤツ」とか「汚いオッサンとセックスをした汚れた存在」とかと見なされ、シカトやハブの対象とされたからだ。

しかし、それが今や、平気でカミングアウトをするばかりか、一緒になってシノギに精を出すまでに開き直っているわけである。

いや、友人どころの話ではない。援交少女の中には近年、実の姉妹にさえ自らの売春行為を隠そうともしない者も増えつつある。

例えば、ある少女などは、

「お姉ちゃんに『おカネが足りなくてしんどいから援交しようかな』って相談したら、『あたしも独り暮らしした最初の頃はそれでつないでた』って言って、いろんなことを教えてくれた」という。姉妹で売春の情報交換をしたわけである。

まともな親なら卒倒すること間違いなしの現実だが、そうまでしてより楽に、より大きなカネを手にしたいというのが、今の援交少女なのである。

高騰し続ける少女のセックス

ここまで最新型援交の特徴をいろいろと見てきたが、もう一つ絶対に外せないのは、その高値。

筆者の10数年前の取材ノートを見てみると、当時の援交女子高生の1回の性交は、8000円から1万5000円程度というのが相場であった。それがこの原稿を執筆している2016年4月の時点では、もっとも安いゴムありの売り方で1万5000円から2万円、コンドームを使わずに生でするなら3万円、そのうえで中出しを伴えば6万円以上と、10年前の数倍にまで相場が跳ね上がっている。

なぜか？

これには大きく、

①プレイ内容の過激化
②児童買春・児童ポルノ禁止法の存在
③販売手口の巧妙化

という3つの理由が考えられる。それぞれ詳しく見てみよう。

①プレイ内容の過激化

合法的に営業している性風俗店でも、サービスの内容が過激化すれば価格が高くなるのは同じこと。

そのうえ、子供たちは浅はかである。ましてや膨大なリスクを考えることもなく売春行為に走るような援交少女となれば、後先を考えずどこまでも過激に突っ走ってしまうのも、致し方ないことかも知れない。

その結果、前述したように生ハメや中出しが横行しており、そうした行為の過激化が単価アップに直結している。

②児童買春・児童ポルノ禁止法の存在

正式には「児童買春、児童ポルノに係る行為等の規則及び処罰並びに児童の保護等に関する法律」というこの法律は、１９９９年11月に施行されたもので、数度の法改正を経て厳罰化も進められているのだが、この存在が皮肉なことに、かえって少女たちの売春価格を高めているのだ。ドラッグがその代表例だが、法によって規制され、地下へ潜ると、希少価値が高まって、あらゆるものが高騰する。つまり、児童の性が厳しく取り締まられているからこそ、かえって希少価値が高まり、少女たちのセックスが高値で取り引きされているのである。

そして、市場価格が高騰しているがゆえに、援助交際が再び「稼げるお仕事」として女子中高生の間で脚光を浴び、売り手となる少女たちの新規参入を促している一面もある。少女たちに言わせれば、「稼げるのだから、やらなきゃ損」というわけだ。

実際に、中高生による援交市場は、今、圧倒的な売り手市場となっている。当然だろう。売買が厳しく取り締まられており、表の市場には決して出回ることの許されない、極めて希少なものを売っているのだ。「ありつけるだけでありがたい」というのが、大方のペドフィリアたちの気持ちであろう。

しかも、厳しい法規制にもかかわらず、法を犯してでも買いたいという者が後を絶たない世界でもある。うかうかしていたら、別の買い手のペドフィリアに持って行かれるだけである。

となると、客となるペドフィリアたちにできるのは、少女の言い値に従うことだけ。援助交際の市場では多くの場合、買い手は売り手に提示された条件を飲むことでしか、商談を成立させることはできないのである。

それゆえに援交に励《はげ》む少女の中には、「売ってやっている」という態度の者も少なくない。買春者である男たちは、裏垢／エロ垢少女たちにそうしたように援交の場面でも、少しでも安く過激なプレイをしてもらうため、売春者である少女たちに媚びへつらい、おもねりながら、買春条件のすり合わせをする。

「18歳になる前に、お早くお召し上がりください」

少女たちは、援交市場では今、自分たちが圧倒的有利な立場にあることを心得ている。その証拠の一つとも言えるのが、彼女たちがプロフィールに記す学年表記。

少女たちは、違法年齢だからこそ自分が高値で売れることを知っており、自分が18歳未満であることのアピールを忘れない。

少女たちによる援垢のプロフィール欄や、出会い系の自己紹介欄には、ほとんどの場合、「ＪＫ」や「ＪＣ」、「ＪＳ」といった略号が記されているもの。

「ＪＫ」とは「女子（Ｊ）高校生（Ｋ）」の略号で、「ＪＣ」は「女子（Ｊ）中学生（Ｃ）」の、「ＪＳ」は「女子（Ｊ）小学生（Ｓ）」の略号である。これを前面に押し出すことで、児童性愛者への訴求力を高めるのである。

小中高の略号の後へ、例えば「ＪＫ２」や「ＪＣ２」、「ＪＳ６」などのように、学年を示す数字を付けることで、３年生よりも２年生、２年生よりも１年生と、さらなる〝若さ〟のアピールをするケースも多い。

その逆に、高校３年生や中学３年生、小学校６年生の場合には、「ＬＪＫ」や「ＬＪＣ」、「ＬＪＳ」などというように、頭に「ラスト＝最後の学年」を意味する「Ｌ」を付けることで、それぞれの最終学年であることをアピールしている子も多い。そうすることで、暗に「お早く召し上がらないと進学して上の学校へ進んじゃいますよ＝成人に近づいちゃいますよ」とペドフィリアたちを煽《あお》っているのだ。

こうした〝営業戦略〟には、ことのほか大きな効果があるのだろう。毎年2月から3月の卒業進学シーズンになると、泣き顔の顔文字とともに、

「高校生ブランドがなくなっちゃうよー」

あるいは、

「中学生ブランドがなくなっちゃうー」

といったツイートが、女子中高生によって多数つぶやかれるもの。

この手の言い回しは元々、援交界隈で発生したものだが、今や援助交際をしていない女子中高生たちの間でも普通に使われるほどに浸透している。つまりは、それほどまでに今の女子中高生たちは、18歳未満であることを強力な〝武器〟と捉えているわけだ。

そのうえで、

「こんなにおカネもらえるのって今だけだからもっとガンバって援しよう!」

などという歪んだ前向きさを、わざわざツイッターを使って全世界へ向けて発信している少女さえいる。

③販売手口の巧妙化

少女たちは客単価を上げるために、これも前述したとおり、セックスを細分化して前戯などの各プレイをオプション化し、客のトータル支払い額を極限まで高めようとする。

こうした手口は、ＳＮＳで相互に情報交換をしたり、あるいは先んじて援交を行っているほかの少女の手口を参考にしたりすることで、確立・強化されたもの。

また、近年、援垢少女たちの間で非常によく使われる言葉に、「高額優先」や「高額希望」というものがある。

これは、例えば「今週土曜の夕方4時から1名募集します」と少女がアナウンスした場合、人気の援交少女となると、この1枠に複数の児童買春者が買い手として手を上げることとなる。

しかし、少女がその時間に売春の相手をできるのは1人のため、彼女は客の取捨選択をすることとなるのだが、そのときにゴムありで買春を希望する客よりも、中出しまでできる客がいたとすると、ほとんどの場合で中出し希望の買春客――つまり2万円しか出せない客よりも6万円出せる客――に優先的に〝購入権〟が与えられるもの。

要するに、少女が選ぶ相手は、先着順によってではなく、支払い額の多寡で決まるわけだ。少女たちは自らのセックスを、オークション方式で売っているとも言える。

これが「高額優先」という状態。

「どうせ同じ1回のセックスをするのなら、少しでもたくさんのおカネを手にしたい」ということである。

月に8回のセックスで月収50万円

もう一つの「高額希望」は、「安い人は相手にしないので、そのつもりでいてください」という意思表示のフレーズ。

そして恐ろしいことに、「高額」を「希望」する売春少女の欲求は、多くの場合そのとおりに叶えられることとなる。

例えば、筆者の取材した援交少女の中には、高額支払いの客ばかりを選んでは売春行為を繰り返すことで、1カ月に50万円もの売り上げを上げている者もいた。

この少女の場合、自分の中で基本となる客単価を最低6万円と定め、普段は6万円の中出しセックスをできる経済力のある客だけを選ぶのだという。

妊娠の不安が強い週には、中出しは控えて生ハメにとどめ（と言っても危ないことには変わりないのだが）、単価の下がった分はオプションを多数付けさせることで補填《ほてん》し、最終的に総支払い額が6万円以上となる客を探し出す。

そうして客単価6万円以上の相手ばかりを、週に2人ずつ地道に見つけては援交を繰り返し、月にして８人の客と寝ることで、単純計算をすると６×８＝48万円。オプションによる上乗せ分の多い月には、平気で50万円くらいは稼いでしまうというわけだ。

月に50万円と言ったら、大の大人でもそう簡単に稼げるものではないのだが、しかも、この少女が手にする50万円は、汗水垂らして得たものではない。１回わずか30〜40分から長くともせいぜい２時間、それを週にわずか２回という、極めて短い〝勤務時間〟で稼ぎ出されるものなのである。

加えて、少女たちは募集条件にあらかじめ「ホ別」と明記することも忘れない。「ホ別」とは「ホテル代別」の略。援交少女はホテル代もしっかり客に払わせるのが基本なのである。

また、ホテル代だけでなく、ホテルまでの交通費まで別途請求するケースも多い。成人風俗嬢によるデリバリーヘルスさながらの周到さである。

週に２回、脚を開いて30分から１時間ほど、天井を見上げて時間をやり過ごしていれば、月に50万円からの現ナマを手にできる。しかも、経費はゼロの丸儲け。シノギとしてはボロいと言えよう。

——これが今の援助交際である。ここまで来ると、カネに貪欲な少女たちには「援交をするな」と言うのが無理な話なのかも知れない。

少女たちの偽装工作

それにしても、小中高生の娘が出所不明の大金を持っていて、親は不審に思わないのか？

これについても、少女たちはネットで悪知恵を仕入れて、巧みに偽装工作をしている。

よく使われるのは、援交と並行してファミレスやカフェをはじめとした「普通のアルバイト」をする手。真っ当なバイトをしていれば、親からもらった小遣いのほかに、まとまったカネを持っていても、怪しまれにくいというわけだ。

また、真っ当なバイトもしていれば、援交で帰りが夜遅くなったとしても、言い訳が立つ。「バイトで残業を頼まれたから」、「仕事が終わった後でバイト仲間とお茶していたから」、「帰りの電車に遅れが出たから」などと言うだけで、簡単に親を騙せるという。

中には、帰宅が遅くなれば遅くなるほど、「ウチの子はこんなに真面目にバイトをしているのだから、悪いことをしているヒマもないはず」などと勝手に解釈をする親もいるとか。

いや、実際に帰りが遅いのはバイトのためだったとしても、それが援交をしていない保証にはならない。特にプチ援交の場合、その気になれば10分から20分程度で1人の客を処理できるため、学校が終わってから、習い事やアルバイトに行くまでの間の空き時間でしているという子供も珍しくはない。

「いや、そのようなことのないように、ウチでは門限には厳しくしている」という家庭もあるだろう。が、「門限が厳しくてバイトができないから援交で稼ぐしかない」と言い放ち、実際にプチをメインとした援助交際で小遣い稼ぎにいそしんでいる少女も存在する。

真っ当なバイトのほとんどは、時給にして１０００円前後。額だけで見ると援交少女にとっては、あまりにも割の悪い仕事ということにもなろう。だが、「親の目をあざむけるメリットには代えられないし、親の目を誤魔化すにはこれが一番手っ取り早いから」と、一般のバイトをしている援交少女も少なくない。脳天気な親世代より、裏社会へ片足を突っ込んだ援交少女たちの方が、一枚も二枚も上手なのである。

ブランド品には興味なし

偽装するのは、カネの入手経路だけではない。援交少女は稼いだカネの使い道にも注意を怠らない。

よくある手は「形に残るものには使わない」というもの。

90年代や２０００年代には、ルイ・ヴィトンのバッグやティファニーのペンダントといったハイブランドのアイテムを買いたいがためにカラダを売る少女も多かった。しかし、今ではそうした少女は極めて少ない。

自分で買わないだけではない。買春客が少女のご機嫌取りをするために高額なプレゼントをすることもあるのだが、そうした場合も援交少女は贈り物を買い取り店やネットオークションで換金したり、あるいは仲のよい友だちにあげてしまったりすることが多い。時代的・世代的な傾向でもある物欲の薄さも背景にあるのかも知れないが、とにかく物品を手元に残したがらないのだ。

その意味では、かつては中高生の娘を持つ親に対する注意喚起の言葉として、「見覚えのない高価な品を娘が持っていたら援交を疑うべし」というのがメディアや教育の現場からたびたび発信されたものだが、今ではそれも無効と言えよう。買い与えた覚えのない高価なものや、お小遣いやバイト代では賄《まかな》えないほどの高額な品を娘が所持していないからといって、親はそう簡単に安心できない時代なのである。

成人風俗嬢との相似点

では、援交少女は稼いだカネを、一体どのように使っているのか?

多くは、カラオケ代やテーマパーク代、お気に入りのバンドやタレントの追っかけ資金、そして、タクシー代にスマホの課金ゲーム代……など、物として手元に残らず、支払いをしたらそれでおしまいというものにカネを注ぎ込んでいるようである。

法を犯し、性病罹患や望まぬ妊娠をはじめとする極めて重いリスクを背負ってまでして手にしたカネを、そうしたものに浪費するのは割に合わない気もするが、当の本人たちは特に思うところもないようである。

……が、それにしても気になるのは、こうした金銭の使い方が、実は成人の風俗嬢にも通じるものでもあるという点。

心身へのダメージや社会生活における不都合を被るなどの、大きなリスクを背負ってまでしてようやく稼いだはずの金銭を、パチンコやパチスロや、スマホのゲーム代に注ぎ込んだり、たかだか数百メートルの距離をタクシーに乗ったりして浪費するのは、風俗嬢のオーソドックスなカネの使い方。

この消費行動の類似性を見ると、年齢こそ大きく違えど、援交少女らも中身は限りなくプロの娼婦に近いと言えよう。

成人娼婦と援交少女との相似点は、立ち居振る舞いについても指摘できる。

筆者は援交少女にインタビューをする際には、万が一にも誤解のないよう、カフェやファミリーレストランなどの人目のある場所で日中に行うことを基本としているのだが、そのときに実に多くの援交少女が、すぐそばにほかの客などがいても、女性器や男性器を指す3文字や4文字の俗称や、「本番」、「フェラチオ」、「クンニ」、「アナル」、「生ハメ」、「中出し」……などの単語を平然と、声量を絞ることもなく口にするもの。

悪ぶってそうしているのではない。普段から使い慣れた言葉を無造作に、そのまま口にしているだけである。

常態化した売春行為のためだろう、性的な事柄に対する羞恥の感覚が世間一般とは大きくかけ離れているのだ。このあたりも業界に染まりきった歴戦の風俗嬢に限りなく近いもの。

「援交少女」と言ったところで結局は、紛《まご》う方《かた》なき売春婦であり、コンスタントに大金を稼いでいる以上、プロの娼婦――しかもヤリ手の――にほかならないのだ。

＊

さて、では援助交際に手を出すことで実質的にプロの売春婦となった少女たちは、その次にどのようなステップへと進むのだろうか？

カネの亡者が恥や外聞から解き放たれたとき、もはや歯止めとなるものはない。となると、ある種当然の如《ごと》く、裏社会の暗部のより深くへと沈み込み、そこで蠢《うごめ》く組織へと吸い寄せられてゆくこととなる。

【第5段階】

闇AVへの出演

「主演女優＝ＪＫ1」の一般販売ＡＶ

動画を再生するとまず画面に大写しになるのは、夏服のセーラー服をまとった少女。体育座りをしているのはダブルベッドの上。枕元のスイッチボードや、ベッドカバーに描かれた店名ロゴから察するに、どうやらそこはラブホテルの一室。

ニコニコと笑みを絶やさぬ少女が簡単な自己紹介を済ませると、半裸の成人男性が2人フレームインして、少女の左右へ1人ずつ座り込む。と、片方の男が少女の肩を抱きながら、すかさず彼女の唇を吸う。少女は嫌がるそぶりも見せず、むしろ積極的に男の唇を求め、盛大に舌を絡ませる。

すると、もう一方の男が少女の胸部を、制服の上から撫で回し、揉みしだき始める。

そのうちに口を吸う男の手も少女の股間へ伸びてゆき、紺色のスカートをたくし上げ、下着の上を這《は》い回り……そして、3人はもつれ合ったままベッドへ倒れ込み、交合へとなだれ込む。

セーラー服をたくし上げられ、膨らみの控えめな乳房を揉みしだかれたり、2人の男に乳首を交互に吸われたりしながら、同時に股間へもさまざまな指技や口唇愛撫を加えられる少女。

そのお返しとばかりに少女もまた、男2人の性器を交互にほおばり、愛撫を加える。そんな少女と２人の男を、固定カメラは写し続ける。

場面が進んで合体シーンになると、少女は一方の男のペニスを性器へ、もう一方の男のペニスを口腔へ受け入れ、前後から激しく突かれることとなる。

仰向けに寝て大きく開脚し、いわゆる正常位で、さらにはよつんばいになり、いわゆる後背位で、少女は２人の男を受け入れる。

男たちはやりたい放題である。

が、少女は決して陵辱に耐えているわけではない。

この段に至っても少女は笑みを絶やすことなく、むしろ好奇心一杯の様子で、私物のだろう、その年頃の女の子らしく白やピンクのラインストーンでかわいらしくデコレーションされたスマートフォンで、腕を一杯に伸ばして、出し入れをされる自らの局部などを自撮りまでするのであった……。

＊

これは「女子校生モノ」のアダルトビデオの一幕ではない。このセックス動画の〝主演女優〟は、何と実際の高校１年生の少女——つまりこの動画は、真性の児童ポルノなのである。

しかも、さらに驚くべきは、この動画が一般へ向けて販売されている点。厳しい摘発の網の目をすり抜けて、児童ポルノが半ば公然と売り買いされているのだ。

昭和の時代の話ではない。すべて今まさに起きていることである。

では、なぜ今このようなことが起こり得るのか？

ダウンロード販売という抜け穴

この裏には、近年急増している「ダウンロード販売サイト」の存在がある。

ダウンロード販売サイトとは、その名のとおり、デジタルデータをダウンロード方式で販売しているサイト。漫画家やイラストレーター、ミュージシャン、作家などに憧れる者や、あるいはそれらのセミプロが、自分の作品をネット経由でダウンロード販売するために使っているケースが多い。一口で言えば、デジタルコンテンツの販売仲介サイトである。

そうしたサイトの中には、自分の撮った映像作品をアップロードして販売している者もいるのだが、その中には一定数、アダルト作品を売っている者がいる。

そして、さらにそうした中に、真性の児童ポルノを売っている者がいるのだ。

動画にしろ静止画にしろ、あるいはイラストにしろ読み物にしろ、アダルトコンテンツは集客力の極めて高いコンテンツである。

中でも近年、高い人気を誇るのが「素人モノ」と呼ばれるジャンル。プロのモデルや女優ではなく、アマチュアの女性をハメ撮ったとされるものである。その手の画像や動画には、表の市場はもちろんのこと、マスの小さなマニア向けのアングラ市場でさえも一大マーケットが形成されており、素人ハメ撮りモノばかりを扱ったダウンロード販売サイトというものも存在するほど。もちろん、そうした映像は、アングラモノであろうとも基本的には18歳以上の女性を被写体としたもの。ハメ撮りであれ自慰の自撮りスタイルであれ、これが大前提となる。被写体の女性が、例えばセーラーやブレザーなどの中学や高校の制服を強くイメージさせるような衣服をまとっていたり、あるいは中高生を思わせる設定や仕草で撮られていたりする場合でも、それはロリコン客をターゲットに演出された〝偽装児童ポルノ〟であり、本物の児童ポルノであることは基本的にない。

加えて、素人モノとは銘打ちながらも、実際には被写体女性は素人ではなく、モデル事務所に所属するプロやセミプロのAV女優やポルノモデルであるケースがほとんど。そうした場合、出演女性が合法的な年齢に達しているかどうかの確認は、モデルが所属する事務所と作品の制作者との2カ所で2重に行われることとなるため、撮られた映像が本物の児童ポルノとなる可能性は限りなくゼロへと近づく。

しかし、その一方で、真性の児童ポルノがダウンロード販売されている現実もある。制作者側が、いわゆる確信犯で、ゲリラ的に行っているケースである。

冒頭の映像が、まさにこのケース。

それでは、なぜそれが筆者にわかったのか？

――それは、冒頭の映像に主演の少女が、筆者が長らく追跡取材をしていた援交少女だったからである。

高校入学と同時に〝AVデビュー〟

「なゆ」と名乗るその少女の存在を筆者が知ったのは、映像が販売される2年近くも前のこと。なゆはツイッター上でエロ垢を開始するや、自らの性器や自慰を写した過激な画像や動画を連投し、数いる裏垢／エロ垢少女の中でも目立った存在となり、すぐ4万人に及ぶ膨大なフォロワー数を誇る一大アカウントの主となっていた。それが、なゆの中学2年生から3年生に進級する時期のこと。彼女は3年生になると援助交際を開始して、性的逸脱をさらに深めていった。

なゆのそうした様子を筆者は継続的に追跡取材していたのだが、それからさらに1年が経ち高校へ進学してからしばらくの後、彼女は自分のアカウント上でこんなツイートをした。

「このまえ援したお客さんが なゆとのハメ撮りをここで売ってるから みんなダウンロードして見てみてね」

「いっぱいダウンロードされたら なゆにもその分のおカネが入るってゆう話になってるから フォロワーのみんなよろしくね！」

このつぶやきに添えられていたＵＲＬの先にあったのが、冒頭のセックス映像である。

これらのツイートの少し前には、桜の蕾《つぼみ》がほころび始めたどこかの校門前の画像とともに、中学の卒業や高校への進学を報告するツイートがあったばかり。さらにツイートをさかのぼれば、指やペン、制汗剤の小さなボトルを膣内へ出し入れする動画や、援交募集のツイートに混じって、受験勉強のストレスを愚痴る言葉があったり、「秋の体育祭のための練習が急に入ったので 今週の援はキャンセルさせてください」などのアナウンスがあったりもする。

こうしたタイムラインによると、なゆ主演の児童ポルノＡＶは、彼女が高校へ進学してから３カ月後に販売を開始されたものと判断できる。……ということは、撮影自体は彼女がまだ中学在籍中になされた可能性すら考えられる。児童ポルノもいいところである。

このようにダウンロード販売サイトで取引される違法ポルノを、筆者は「闇ＡＶ」と名付け、これまでにもいくつかのメディアで記事を発表してきた。しかし、この本を執筆している２０１６年４月の時点では、摘発や規制の動きはまったく見られず、ダウンロード販売は堂々と続けられている。

プロの世界への第一歩

この闇ＡＶには、大きく２つの問題がある。

一つは、児童ポルノが一握りのペドフィリアへ向けて秘密裏にではなく、一般ユーザーに限りなく近いところで半ば公然と販売されている点。

そして、もう一つは、これをきっかけに少女たちが、反社会的な組織との共同作業を開始すること。

エッチに対する興味本位や、ちやほやされる気持ちよさから裏垢／エロ垢を始め、そこからなし崩し的にエロ写メや使用済み下着を売りさばき、援交に手を染めてきた少女たち。そんな少女たちが、ここへ来て私的なおイタの枠を越え、犯罪組織との接点を持つに至るのだ。

遊びのつもりで始めたはずが、いつの間にか裏社会の〝プロ〟の世界へ足を踏み入れることとなるわけである。

闇ＡＶを制作・販売しているのは、単独犯や、せいぜい２～３名から成る小規模なグループと思われる。趣味で始めたハメ撮りや児童買春の延長で、「撮ったものを売れば、買春資金やナンパの元手を回収できる」とか、あるいは「撮ったものを出すだけで、まとまった小遣い稼ぎをできる」とかといった理由で、安易に販売に乗り出すケースが多いようである。

現在、表の社会で流通している合法なアダルトビデオ――特にインディーズのカテゴリーに分類される比較的小資本で展開しているメーカーやブランドの作品は、完全に薄利多売の状態となっている。筆者が以前取材した、あるインディーズ系ＡＶ監督によると、ネット配信専門のメーカーやレーベルへ作品を納める場合、女優や男優の出演料、スタッフの人件費、スタジオやラブホテルなどの撮影場所の使用料、さらには機材や小道具などの消耗品代、交通費、出演者やスタッフの食費……などの制作経費を、納品先から受ける報酬から差し引くと、作品を１本撮っても手元に残るのはわずか数万円ということも珍しくないという。しかもそのうえ、女優や男優との契約や、配信会社との取り決めなど、配慮すべき点も多く、労力の大きさに対して利益が完全に見合わないという。

その点、闇ＡＶの真性児童ポルノは違う。書面をもって契約を交わすことはあり得ず、〝主演女優〟の出演料も買春代＋αの数万円で済むため、制作費は格段に安く済む。元手がかからないだけではない。〝商品〟を売り出せば、ペドフィリアの間での口コミ効果にも大きなものが期待できるため、売り逃げるまでの短期間でも、まとまったダウンロード数を稼ぎやすいとも考えられる。つまり、真性児童ポルノＡＶは素早く大きなカネにしやすく、一攫千金のチャンスがあると言え、それゆえ安易に販売されているものと思われる。

疑似ロリコンAVが隠《かく》れ蓑《みの》に

それにしても、なぜそうした違法な動画が、摘発もされずに販売されているのだろうか？
その理由の一つとして、偽装素人モノAVや偽装児童ポルノの氾濫があると考えられる。デジタル配信のものからDVDディスクなどによるパッケージ販売の作品まで、AVの素人モノは前述のとおり、実際にはモデル事務所に所属するプロのAV女優が出演しているケースがほとんど。ロリコンものとなればなおさらで、実際に18歳未満の少女が出演しているケースは基本的にあり得ない。

こうした現実が、闇AVの隠れ蓑になっているものと考えられる。

つまり、真性児童ポルノの闇AVも、一般の目には「どうせこれもニセモノだろう」と映るため、通報や取り締まりの対象とならず、摘発に至っていないものと思われるのだ。

もう一つの理由としては、ダウンロード販売サイト側の方針がある。

現在のところ、マイナーなダウンロード販売サイトのほとんどは厳格な審査基準というものを持っておらず、アップロードされるコンテンツの内容が法的・倫理的に妥当かどうかの判断は、アップロードする者へ丸投げされた状態と言える。

「うちは仲介マージンを取って、売り場所（＝ダウンロードシステム）を貸しているだけ。内容は表現の自由にも関することなので、アップロード者の自主性に任せている」というのが多くの販売サイト側の言い分なのだが、現実にはこうしたエクスキューズが真性児童ポルノの売り逃げを許す大きな要因となっていることは間違いない。

＊

さて、こうしたダウンロード販売型の児童ポルノ、やはり要となるのは〝主演女優〟の年齢であるが、出演する少女のスカウティングは難しいことではない。ここまで読み進めていただいた読者なら既におわかりのことと思うが、ツイッターで裏垢／エロ垢や援垢をやっている少女たちが、そっくりそのまま出演者予備軍となるからだ。

フォロワー数を稼ぎたいとか、不特定多数の男たちからちやほやされたいとかの理由で、無料で裸体や自慰行為を披露してきた子供たちである。また、援助交際のオプションとして５０００円や１万円の上乗せで、見知らぬ男にハメ撮りを平気で許してきた子供たちでもある。

性的な動画を撮影・公開することに微塵《みじん》も抵抗のない少女たちである。

「君たちがタダでやっていることは、上手くやれば大きなおカネになることなんだよ」

そう吹き込んでやるだけで、喜んで話に乗ってくるわけだ。

冒頭の少女・なゆも、歩合制での実入りをチラつかされたことが、ハメ撮り動画の販売に同意した大きな動機となったようである。

自分のツイッターアカウントで自ら宣伝までしていることからもわかるように、彼女たちは騙されて出演させられているのではない。取り引きをして、条件を飲み、納得のうえで、カネのために自ら進んで闇AVの世界へと飛び込んでいるのである。

そんな闇AVの〝主演女優〟に、もう一人、まなみという少女がいる。

いつものセックスをただ、たくさんの人に見られるだけ

筆者は当初、援垢少女の一人としてまなみと接触したのだが、インタビューを進めるうちに、彼女もすべてを了承のうえで闇AVに出演したことがあるというのがわかった。

まなみが闇AVに出演したのは、ツイッターのダイレクトメッセージで制作者に勧誘されたことによる。

「ハメ撮りビデオに出ませんか?」

そんなダイレクトな誘い文句だったという。

ギャラは2時間で5万円。

わずか5万円と思ってしまうが、当のまなみによると「いつもは本番1回2(万円)で援してるし、撮影もオプションでプラス5000円だから、1回5ならいつもの倍だからぜんぜんいい」

とのこと。

撮影は完全なハメ撮りスタイルで、撮影当日はカメラマンを兼ねた男優であるところの買春者が単独で来て、その男と2人でラブホテルへ入り、いつも客にさせているのと同じように、ただ相手のするのに身をゆだね、「ハメられながら撮らせただけ」という。

いつも相手をしているようなハメ撮り客と違っていたのは、撮影機材の充実度。まなみによると、撮影はホテルの部屋へ照明機器を設置したうえで、三脚で固定されたビデオカメラが3台に、手持ち用のビデオカメラが1台。実に4カメ態勢である。加えて、静止画用として一眼レフのデジタルカメラも併用しながらの撮影だったという。

本格的な撮影である。しかし、そうして撮られたことについて感想を求めても、まなみは撮影状況の物珍しさを口にするばかりで、不特定多数へ向けて自分のセックス動画がバラまかれることについては、特に関心のない様子。

もちろん、「顔も普通に写された」というのだが、

「でも顔が出たからって、何かマズいことありますかね？」とは、まなみ。

援交少女が性的な映像や画像をネタに、売春で稼いだカネを脅し取られた……などの話も耳にするが、そんな話をしてみても、

「今までだってハメ撮りを撮られてトラブルになったことってないですから。それに、援すると

きは髪型とかメイクとか、いつもと違う感じにしてるから。髪とメイクが違ったら、知ってる人が（動画を）見ても全然わからないと思うし」

と素っ気ない。

確かに、まなみのような少女にとっては、ハメ撮りも、裸体や性的行為の公開も、これまでに裏垢／エロ垢や援交の場で散々やってきたことだろう。そのせいで感覚が麻痺して、今さら思うところがないのも致し方ないことかも知れない。

彼女にとって闇ＡＶへの出演とは、素人が撮るかプロが撮るか、あるいは個人的に使われるのか販売されるのかの違いでしかなく、しかも、その違いも大したものではないというのだ。

「やってることも拘束時間もいつも（の援交）と同じだし、なのにおカネはいつもよりたくさんもらえるんだから、話が来たならやった方が得ですよね？」とまで言うまなみ。結局は、ここでもカネの沙汰なのである。

密室で1対1の撮影会

ところで、少女たちが裏社会の住人とタッグを組んで行うシノギは、闇ＡＶばかりではない。もう一つには、「コサツ」という〝手口〟がある。漢字で書くと「個撮」となるこれは、「個人撮影会」の略。

筆者がこれを最初に取材したのは２００３年のこと。つまり、今となっては古典的とさえ言える手口なのだが、ペドフィリアたちの間では今でも根強い人気を誇る。

内容は、ＳＮＳや掲示板、出会い系などを介して見つけた客と、少女が2人でラブホテルの部屋へ入り、そこで個人的な撮影会を開催するもの。ラブホテルのほか、フォトスタジオやレンタルスペース、あるいは組織の管理下にあるマンションの一室などで行われることもある。

1対1で客に撮らせる画像や動画は、もちろん性的なものとなる。軽いものでもきわどい水着姿や下着姿で、メインはやはり裸体や自慰姿。要するに児童ポルノの撮影会である。

シノギの形態の第2段階で販売していたエロ写メやエッチ動画を、客自身の手で撮らせるものと言ってもいいだろう。支払い額によっては排泄姿を撮らせるケースもあり、そちらは前章で触れた「生見せ」の撮影付きバージョンとも言える。

この撮影会、基本は客と少女が1対1で行うもので、つまりは少女が密室へ初対面の男と2人きりで入ることとなり、そうした状況で肌を晒すこととなるのだが、少女たちはこれにも特に抵抗などは示さない。とうの昔に援助交際で経験し尽くしていることだからだ。自撮りをしたり、それを送信したりする手間がない分、「むしろ楽」と捉えている少女すら少なくはない。

それだけに裏で糸を引く組織や業者の側にとっても、少女の手配は極めて楽だという。

個撮を主催する人物・A氏によると、高額報酬を餌にネットで声をかければ、いくらでも少女は釣れるという。ネットのほか、お水や性風俗関連の女性向け求人誌や求人サイトに「こちらはモデル事務所です。モデルさん募集中」などの広告を打って募集をかけることもあるという。

そうして応募してくる中には、女子中高生ばかりか、小学生女児までもがいるという。少女たちはSNSや出会い系でちやほやされ尽くすことで自意識と自己評価を肥大化させているからか、「魅力的なあたしならモデルになる資格もあるはず」とばかりに、好奇心と野心で胸を膨らませながら、物怖じもせず飛び込んで来るという。

そうした少女たちに対してA氏のグループでは、少女との間で揉め事が起こらないようにするためと、彼女たちに腹をくくって精一杯働いてもらうための主に2つの理由から、面接時には必ず仕事内容を説明するという。モデルと言ってもテレビや雑誌に出るのではなく、肌の露出が必須で、密室で1人の客の目の前で裸体や性器を撮らせることも少なくはない――ということを。

しかし、それを聞かされただけで帰る子供はまずいないという。

小学生女児の場合は、さすがに不安があるのか、中高生に比べて2人組みで面接や見学に来る子が多いとのことだが、そうした子に面接の場で脱衣を求めても、

「脱ぎ慣れていると言うのか、見せ慣れていると言うのか、もじもじしてるのは最初の数分だけで、すぐお友だちとキャッキャ言いながら平気ですっぽんぽんになるし、こちらが言えば『く

ぱぁ』だって普通にやりますよ」とまでいう。

半日で5～6人もの相手をする子も

採用となった少女たちは、Ａ氏がネットの掲示板やＳＮＳで引っかけてきた客の前で、同じようなことを披露して、その姿を撮らせることとなる。そして、その報酬として、１時間につき１万円前後の現ナマを手にすることとなるという。

客単価だけを見ると、生ハメや中出しまでする本番援交よりも低い。が、プチ援交と同様に、身体への負担は少なく、立て続けに何人でもこなせるので、その気になれば最終的な実入りは決して悪くないという。

実際、Ａ氏のグループでは、「売れっ子の女の子には半日で５～６万くらい稼いで帰る子もいる」とのこと。

この裏には、組織や業者ならではのノウハウなどがあるからだろう、無駄なく客をブッキングすることで、少女の時間とカラダを最大限に活用できていることもある。

Ａ氏を介して客を取れば当然、Ａ氏にマージンを取られることとなるのだが、それでも自力で客を探したり交渉をしたりする面倒がなく、「脱ぐだけで済むから楽でいい」などとのたまう少女も少なくないとか。

いかに楽をしながら、まとまったカネを稼ぐか――それが性の切り売りに励む少女たちのテーマなのである。

＊

かくして少女たちは、社会の裏でシノぐ〝その筋〟のプロたちと、つながりを持つこととなるのであった。

そして、その幼さゆえか、それとも生育環境のせいなのか、元来より法令遵守意識の低かった彼女たちは、ここへ来てついに組織的犯罪行為にまで手を染めるのである。

こうなると、少女たちが本格的に裏社会で蠢く組織に組み込まれるのも、もはや時間の問題となる――。

【第6段階】援デリへの参加／組織化

援交少女の吹きだまり

とある平日の昼下がり。都心からやや外れた土地に建つ、庶民的なマンションの一室。

8畳ほどのリビングには白い合成皮革のソファ。その前に置かれたローテーブルや、部屋一杯に敷き詰められたカーペットの上には、食べかけの菓子の袋や、コミック雑誌、メイク道具が散乱している。

そして、こまごまと散らかされた物の間には、1人、2人、3人……と、合計4人の少女の姿。ソファやカーペットの上で横になって漫画本を見ていたり、あるいはペタリと座り込み人差し指の指先でスマホの画面を撫でていたりと、思い思いの姿でヒマな時間をやり過ごしている。

そんなまったりと澱《よど》んだ時間が流れる中、リビングの隣の部屋から中年男の野太い声が上がる。

「おい、みぃな！　4時から1人入ったぞ！」

ドアを開け放ったその部屋には、パソコンが2台。パソコンテーブルの横には、数台の携帯電話がズラリと並べられている。

パソコンの前には、声の主である短髪の中年男性。モニターを睨《にら》みながら言葉を続ける。

「16時、場所は日暮里の駅。北口の大きな改札の前で待ち合わせだ」

しかし、リビングの少女たちは、誰も返事をすることもなく、漫画本やスマホから顔を上げようとさえしない。

それでも短髪の中年男性は慣れっこなのか気にもせず、

「条件は生の外出し。キス・フェラありありで総額ヨンゴーな」

男がそこまで言うと、カーペットの上に寝転んでいた少女のうちの一人が、スマホの画面を見つめたまま、のっそりと立ち上がり、

「写真は？」

面倒くさそうに言いながら、パソコン部屋へ入っていった。この少女が「みぃな」なのだろう。

「これな。自称38歳、イケメンだぞ」

中年男がからかうように言いながら、パソコンの表示をマウスで切り替える。それをのぞき込む少女。画面にはひと連なりの文字と合わせて、冴えないメガネの中年男が斜に構えて自撮りしたと思われるポートレートが1カット。

みぃなは、それをつまらなそうにしばらく見ると、パソコン部屋を出て、リビングに転がっているハンドバッグを取り上げ、玄関へ。

「ラブホに入ったときと終わったら、一応ちゃんとメールしろよ！」

みぃなの背中に中年男が声をかけるが、少女はリアクションもせず、サンダルの硬い音をガコ

ガコと盛大に鳴らしながら、そのまま部屋を出て行った。——援交客とセックスをするために。

実態は管理売春そのもの

筆者が取材で訪れたこの部屋は、援デリの待機所。

「援デリ」とは、援助交際デリバリーヘルスの略。SNSや掲示板、出会い系アプリなどを駆使して、ネット上で女性が個人的に援助交際の相手を探しているように見せかけてはいるが、実際には組織的に行われている売春のこと、あるいはその集団のことをこう呼ぶ。

以前は「闇デリヘル」と呼ばれていたが、「援助交際を装ってはいるが、実態はデリバリーヘルス同然」ということから、ここ2~3年は援デリと呼ばれるようになっている。いずれにせよ、ここ10数年で激増している裏稼業の一業態である。

手口としては、ざっとこう。

まず、女性が個人的に援交募集しているのを装って、買春者を募る内容の告知をツイッターでつぶやいたり、出会い系サイトや掲示板に書き込んだりする。ツイートや書き込みに反応して買春男が連絡をしてきたら、メッセージアプリやメールなどで日時や金額やプレイ内容を確認し合い、条件をすり合わせる。そうして商談が成立したら、待ち合わせてラブホテルなどへ行き、性交渉に及ぶ。

一連の流れは、客側から見ると援交で買春をしているのとまったく同じだが、その実、裏では組織が暗躍している。

例えば、「援助してください」などの募集ツイートや書き込み。これはほとんどの場合、売春をする女性自身ではなく、事務所に詰めている男性スタッフが行う。条件交渉など、商談のやり取りも同じくスタッフがする。

買春客となる男がメールやメッセージアプリ、掲示板の書き込みを通じて行う交渉の際の甘いやり取りは、実際は売春女性としているのではなく、スタッフの男としているわけである。しかも、そうした男たちは、裏社会でシノいでいるその筋の人物や、その筋に近い者。ホテルで会う女性は、元締めや男性スタッフに指示されて、ただセックスをしに来ただけ。実態を知らぬはお客ばかりなり、である。

客を捕まえる営業担当の男性と、ラブホテルなどの現場へ出向いてセックスをして現金を受け取る係の女性とは、多くの場合、同じ事務所に待機している。その方が行き違いなく連携を取り合えるうえ、少女の勤怠を組織が管理しやすいからだ。

また、多くの場合、事務所には複数の女性が待機しているもの。商談が成立したら、うだうだと待機する女性の中から、条件に合った女性が客との待ち合わせ場所へ「出動」するわけだ。

行為が終わってホテルを出たら、女性は客から受け取った現ナマを手に、待機所へ戻る。そこで事務所の元締めやマネージャー格の組織の者にカネを渡して任務完了。組織によっては、その場で女性の取り分を渡して戻し、精算をすることもある。

——要するに、援デリは援交を偽装してはいるが、実態は業者によって運営される完全な組織売春なのである。

援デリ嬢への2つのルート

この援デリには、大きな問題点が2つある。

違法な管理売春が行われていることと、18歳未満の少女が多く籍を置いていることの2点である。

援助交際を装って行われている性質上、援デリに籍を置く娼婦には、どうしても18歳未満の少女が多くなる。18歳未満の娼婦だけで構成されるグループさえ少なくはない。

では、そのような援デリに、少女たちはどうやってつながって、籍を置くこととなるのだろうか？

「普通」の援交少女が援デリ嬢と化すのには、現在、大きく2つのルートがある。

①援交少女が勧誘を受けて組織に入るパターン。
②援交少女自身がグループを立ち上げてメンバーを集め組織化するパターン。

それぞれ詳しく見てみよう。

①メンバーになるパターン

既存の援デリ業者に、少女の方が加入して売春に励むのが、このパターン。

こちらのルートで多いのは、前章で述べた個撮業者が援デリ業者を兼ねていたり、あるいは別口で経営していたりして、その流れで成り行きのまま組織に所属するパターン。

個人撮影会では、きわどい水着やコスプレ姿、さらには裸の写真や動画を、ロリコン客に撮らせるわけだが、それが行われるのはラブホテルの一室などの密室でということが多い。

そうなると、少女と客との間で商談がまとまれば、追加料金を払うことでオーラルや手コキによる抜き行為が行われるようなことも往々にして起こるもの。それどころか、額によっては本番行為にまで発展することもしばしばで、結局のところ援交でしていることをそのまますることになるわけである。

そうした「最後までさせる」個撮業者が、そのまま援デリ業者化することで、そこへ籍を置く少女たちがそのまま援デリのメンバーとなり、売春行為を常態化させるのである。

一方、業者や関係者にスカウトされて、所属することになる少女もいる。

その際にも、活用されるのはツイッターをはじめとするSNSや、掲示板、出会い系アプリといったネットツール。

特にターゲットにされやすいのが、ツイッター上の援垢少女。援垢が組織的に管理された児童娼婦の調達元となっているのだ。

「一緒に稼ぎませんか？」

「こちらが客を連れてくるから、キミはエッチをするだけでいいよ」

「面倒な客引きはこちらがしてあげるから、その代わり売り上げは折半で」

そうした文句で誘われるのは、ツイッター上で派手に援募をしている少女にとっては、もはや日常茶飯事と言ってよい。そのため感覚が麻痺するのだろうか、多くの少女は誘われることにも、誘いに乗って所属することにも、特に抵抗はないという。

中高生の少女が、裏社会の大人たちと個人的にやり取りをしたり、手を組んで何かをしたりすることに、慣れっこになっているわけだ。

それにしても、なぜ援交少女たちは援デリ業者に属するのか？

組織に属せば、売り上げの何割かをマージンとして抜かれることとなる。これまでどおり単独で援助交際をしていれば、売り上げは丸ごと自分のフトコロへ収められるはずなのだが……。

この裏には大きく２つの理由がある。

援交のリスク

一つには、簡単に言えば、ケツ持ちがいた方が安心して売春できるから。

援交とは基本的に、見知らぬ男と密室へ入ることでもある。

しかもその相手は、カネにものを言わせて、こともあろうに18歳未満を抱こうという者たちである。まともな人間であるはずがない。

当然の如く、トラブルの種は尽きない。

いくつか例を挙げるだけでも、

・性行為の前後や最中に暴力を振るわれた。
・暗闇に乗じて、あるいは後背位の死角で、コンドームを勝手に外されて、条件外の生ハメや中出しをされた。

・行為が終わって別れた後に、後を付けられるなどのストーカー行為をされた。
・性行為の際にドラッグを盛られた。
・「援交してることを家族や友人知人にバラされたくなかったら〜」などと脅されて、金品を盗られたり無料の性交を強いられたりした。

……など。物騒なものばかりだが、援交界隈の取材をしていると、この手の話には事欠かない。

加えて、トラブルになる相手は、素人のロリコン客ばかりではない。

援垢にダイレクトメッセージで暴力団関係者を自称する者から「みかじめ料を払え」などと脅しが来たり、客だと思っていた相手がホテルへ入るや、暴力団関係者だと名乗りつつ「ウチのシマで勝手なことをするな」などと上納金を求めて脅迫や暴行を加えてきた……、などの話も耳にする。

そうした体験をしたり、あるいはその手の話を援交仲間やほかの子の援交アカウントから見聞きしたりすることで、さすがに不安に思うのだろう。援交少女の中には、援交歴が長くなるほど後ろ盾を欲しがるようになる傾向もある。

面倒な営業活動は外部委託に

そしてもう一つ、売春歴の長短にかかわらず、多くの援交少女が感じる「組織に属することのメリット」もある。

営業や商談をせずに済むこと、である。

買春客へ向けて募集をかけたり、応募者たちと条件交渉をしたり、さらには待ち合わせの場で客の素性をそれとなくチェックしたり……と、援交の手続きを細分化すると、セックスをする以外の作業も多い。そして、そうした部分を面倒くさいと感じている少女は実に多い。

ネット上には、ペドフィリアへ向けた援交募集があふれている。そうした中で、よりよい条件の客を捕まえるには、まず気の利いた誘い文句をツイートしたり書き込んだりする必要がある。ロリコン客の気を惹くポートレイトを自撮りして、より魅力的に見えるように加工し、アップロードする必要もある。

そうして問い合わせが来たら、金額やプレイ内容などの条件をすり合わせるため、迅速にダイレクトメッセージなりで数往復のやり取りをする必要がある。

しかも、思惑どおりかそれを上回る好条件の客を捕まえられても、それで安心とはならない。

援交の客というものは、子供をカネで買うような連中である。前述のとおり、まともな人間であるはずがない。

いざ顔を合わせてみたら、明らかに言動がおかしいとか、あるいはホテルへ入る段になって値切り交渉をしてくるなどの条件とは違う話をし始めたとか、それ以前に冷やかしの相手をさせられただけで待ち合わせをすっぽかされたとか……と、あらゆる局面でトラブルの種は尽きない。

そうしたことに疲れた援交少女が、組織を頼って属するわけだ。

いや、そもそも援助交際を始めた理由が「ちやほやされながら楽をして大金を稼ぎたいから」という少女たちである。マメな仕込みや営業努力などは、できるだけ避けたいことなのだろう。20~30分の間、裸になって脚を広げて、上に乗っかる男が動くのをやり過ごしていれば数万円が手に入る。それはできるが、頭を使う営業はできるだけ避けて通りたい――マージンを取られてでも避けたい――という援交少女も少なくない。結果、フリーランスで活動していた援交少女が、援デリという組織を頼ることとなるわけだ。

クラスメイトを娼婦に仕立てる

さて、ではもう一つの援デリ化のパターンを見てみよう。

②自らメンバーを集めるパターン

少女たちが自分で組織を作る、こちらのパターンでまず多いのが、複数の援交少女が悪質な客などの情報をネットを通じて交換し合ううちに徒党を組むようになり、その中で客を融通し合うことで、結果として援デリ化するもの。

第４段階の「援助交際の開始」でも触れた「３Ｐ売り」をきっかけに、さらに援交仲間を増やして、グループ営業化へと拡大してゆくケースもある。

実生活での友人――例えば学校のクラスメイトを勧誘して、自分のグループへ引き入れるケースもある。

援交を派手にしていると、そのうちに校内やＳＮＳの仲よしグループ内で「あの子、援してるみたいだよ」などの噂になるもの。そうした噂を、別口で援交をしている友だちや先輩が聞き付けて、「うちのグループに入りなよ」と誘うのだ。

こうしたケースでは、リーダー格の少女がヤリ手の場合、暴力団関係者をはじめとする大人の男のサポートを受けることなく、少女自身が元締めと化し、自分たちの力だけで組織を運営することもままある。

ヤリ手の少女自らは援交から半引退状態となり、仲間の少女の斡旋《あっせん》や管理に専念して、その上がりから紹介料などの名目で中抜きをして稼ぐのである。ティーンエイジャーにもかかわらず、お友だちから中間搾取をして大金を得るという――女衒《ぜげん》そのものと化すのである。

筆者がかつてインタビューをした援交少女・紗綾も、クラスメイトに勧められたことで援交を始めた少女の一人。

「あたし、入った高校がお嬢様女子高だったんですよ。そしたら、仲よくなった子がみんなお金持ちの家の子じゃないですか？　それで毎日カラオケ行ったり、渋谷で遊ぶようになったんですね。で、みんなはお小遣いをたくさんもらってたからよかったんだけど、あたしんちは普通の家だったから、お小遣いも月に5000円で。だから、おカネが続かないじゃないですか」

それで毎日一緒に遊ぶのが、すぐに辛くなったというのだが、

「でも、おカネがないから遊べないなんて誘いを断ると、もう誘ってくれなくなりそうで怖いじゃないですか。ぼっちになっちゃうかも知れないし。それでグループの子に相談したら、『じゃあ援したら？　おカネいっぱいもらえるらしいよ？』って教えてくれて」

その友人はご丁寧にも、中学時代の先輩で、現役で援助交際をしているという少女を紹介してまでくれたという。紗綾はその友だちの先輩から〝売り方〟の手ほどきを受けて、児童娼婦としてデビューした。

ヤリ手の援交少女からノウハウを伝授してもらえれば、手っ取り早く稼げる娼婦になることができる。援交少女が徒党を組んでグループ化する裏には、彼女らにとってこうしたメリットもあるわけだ。

少女が少女を管理する

さらに、複数人で動いていれば、単身で売っているよりもトラブル回避をしやすくなるのは、既に説明したとおり。実際にトラブルに巻き込まれずとも、心理的に強い支えになるだろう。

加えて、客の取りこぼしを防げるメリットもある。

売れっ子の援交少女となると、募集をかけると同じ日時で複数人の買春立候補者がかぶるのは、よくある話。しかし当然、カラダは一つ。日時のやりくりが付かなければ、どうしても候補の中から１人を選んで、残りの客は見送らざるを得なくなる。

また、援交募集をかけたものの、前日や当日に急に遊びの誘いが入ることもある。お誘いの方が魅力的だった場合、少女としてはやはり遊びの方を優先したい。この場合も、少女は大金を手にするチャンスを見送ることとなる。

……しかし、そうした場合でも、グループで動いていれば「あたしは先約があるからダメだけど、あたしの友だちの子とならば遊べるよ？」などと客をつなぎ止め、その買春客をグループ内の別の少女へ回すことができる。

特に、買春立候補者の提示する買値が高額だったときや、高額リピーターとなりそうな優良客だったときのような、逃した魚が格別に大きくなりそうな場面で、少女たちはグループで売春していることの恩恵を強く感じるという。

その逆に、嫌な客を別の子へ振ることもあるという。

例えば、ある少女が「その金額だったら生ではやりたくない」とか、ある客の「自分のツバを飲んでくれ」という要求を嫌うとかしても、その一方で「今、急ぎでおカネが必要だから、その金額でも全然いい」とか「ツバを飲むくらいどうってことない」とかと、それらにさして抵抗を感じない少女もいる。そうした「NG項目の少ない子」がグループ内にいれば、別の子がダメだった客をその子に回すことで、その客の分の上がりをみすみす取りこぼさずに済む。

買春する側の客としても「あの子に連絡をすれば、その子自身ではないにしても、いつでも自分の条件で中高生と寝られる」となるので常連化しやすく、少女たちにとっては手堅い収入源を確保できることにもなる。

また、グループ内で地位の高いヤリ手の子なら、まずピンハネだけでまとまったカネを手にできるうえ、売春仕事に関しては客を選びに選びまくって、自分好みのより楽な仕事だけで済ませられるようになる。

反対に、営業下手の不器用な子にも、〝できる子〟たちのおこぼれに与《あずか》れて安定収入を得られるようになるメリットがある。

援デリへの加入・組織化には、あらゆる援交少女にとって、それぞれのメリットがあるわけだ。パターン②のように仲間うちで援デリ化するケースでは、例えば独り暮らしをしている先輩やリーダー格の部屋が待機所代わりに使われることもあるが、基本的には溜まり場を作らずに、客が引っかかったその都度に、メールやＬＩＮＥなどのメッセージアプリで連絡を取り合い、出動する少女の手配をするケースが多い。

そうしてまるでサークルのノリの延長で、少女たちは和気《わき》藹々《あいあい》と組織売春に励んでいるのだ。

ヤクザとの業務提携

とはいえ、そのような事例でも、背後関係までアマチュアのノリで済んでいるケースは希だろう。仲よしグループで援デリごっこをしていても、先輩筋などから反社会的組織へ話が漏れて、ヤクザなどからケツ持ちとして付くことを強要されるケースが非常に多いからだ。

プロが仕切る既存の援デリに参加する場合は当然のこととして、少女たちが自発的に援デリを組織したり、少女たちだけで運営されている援デリに参加したりするのでも、援デリに関わるということは結局のところ、遅かれ早かれ反社会的勢力との深い付き合いが生じることを意味するわけだ。

そして、反社会的組織との太いつながりができてしまうと、もはや後戻りは難しい。

――では、その段階まで進んでしまった少女たちの行き着く先は？

「いかに楽をして大金を手にするか」

これだけを主眼にシノギをしてきた少女たちである。そのうえで裏社会の人間との付き合いに慣れ、抵抗を感じなくなれば、多くの場合その手法はヤクザのそれへと急接近することとなる。つまり、「楽に大金を手にする」ことを徹底すべく、いよいよ本格的な犯罪行為に手を染めることとなるのである。

より大きな額のカネを、より少ない労力で、できるだけ短い時間のうちに手にできるよう、少女たちはその行動を先鋭化させ、シノギの手口をさらに悪質で大胆なものへとエスカレートさせてゆくこととなる……。

【第7段階】犯罪的手口の開始

客の財布に手を付ける

「ホテルに入って、まずおカネをもらうんですよ。そしたらちょっとお話ししたりキスして触られたりとかしますよね？　で、ちょっとしたら『シャワー浴びてきて』って言うんです。それでお客がシャワーしに行くじゃないですか？　その間に抜くんですよ、お客の財布から何枚か」

そう話すのは援垢少女のナナ。「何枚か抜く」と言っているのは、もちろん札《さつ》のことである。

「お客がシャワー浴びてる間は、音でわかるじゃないですか。ザーっていう音で。だから安心してできるんですよ。音が止まったらすぐお風呂から出て来るから、その前にバレないようにサッとお財布をお客のカバンとか服のポケットに戻すんです」

たまにカラスの行水ばりに1分もかからずにシャワーを終えて、風呂場を出ようとする客もいるというが、

「そういうのはちょっとアセりますよね。おカネを抜いてる時間もないし、お財布だってちゃんと戻せないし。それに汚っぽいから、その後でエッチするのも嫌じゃないですか？　だから、すぐ出て来ようとするお客には、シャワーの音が止まったらこっちからお風呂場に行って、『もっとちゃんと洗ってよー』って甘えておねだりするみたいに言うんです。『いろんなとこ舐めるの

好きだから、もっとちゃんとキレイにしてよねー』とかって」

そうしてヤニ下がった買春客がシャワータイムを延長して念入りに身体のあちこちを洗っている間に、ナナは客の財布から数枚の札を落ち着いて抜き取るのだという。

ナナによると、抜き取り方にも工夫があるという。

「例えば、お財布の中に5万円入ってるとするじゃないですか。そしたら抜くのは３枚だけにするんです。３万５０００円とかしか入ってなくても、５０００円か1万円は残してあげて、お財布を戻すんですよ」

根こそぎ盗むのではなく、必ず一部は残すのだという。

「全部抜いちゃうと、帰りの電車賃とかもなくなるじゃないですか。そうすると相手も必死になりそうだから。ホテル出た後で必死に探されたり、追いかけられたりしそうじゃないですか？」

しかし、帰りの足代さえ残しておけば、みな泣き寝入りをしてくれるのだという。実際に、ナナはこうしたシノギでトラブルになったことは一度もないという。

クレジットカードや、運転免許証などの身分証にも手は付けない。クレジットカードは大きなカネにしやすいが、「持ってったら必ず被害届を出されるし、使ったら絶対に足が付くって話ですから」とナナ。

また、財布に手を付ける際には、相手をよく見てもいるという。トラブルになったらブチ切れて暴力を振るってきそうな感じの客や、逆に、今後いい常連客になりそうな相手の場合は、大人しく売春行為だけをして客の財布には手を付けず、身の安全を確保したり、太客《ふときゃく》化を図ったりするのだという。

ナナはそうして「気をつかいながら」、ここしばらくは援交募集で引っかけた買春男の財布の中から、カネを抜いて稼いでいるという。

「援だけだと1回に2万か3万しかもらえないじゃないですか。でもお財布から抜けば、エッチ代の分のおカネと合わせると1回4~5万円は行くからオイシイんですよね」

1回の〝総額〟が10万円を超えることもあるという。良心の呵責というものがないのであれば、それは確かにオイシイだろう。

なぜ警察沙汰にならないのか

ナナのするこの行為は、もちろん窃盗にほかならない。正真正銘の犯罪行為である。

それにもかかわらず、事件化はおろか表面化することさえ極めて少ない。ナナの言うとおり、窃盗の被害者が、まず大抵は泣き寝入りをするからだ。

当然だろう。窃盗の被害者が警察へ駆け込めば、それはすなわち「自分は児童買春をした性犯罪者でございます」と告白しにゆくようなものである。被害者が自らの児童買春という犯罪行為を隠すためには、窃盗被害には泣き寝入りをするしかない。

かくして事件は「闇から闇へ」ということとなり、犯罪行為そのものが表沙汰にはならないのである。もちろん、少女らもそうなることを知っており、また度々成功を収めて味を占めるため、犯行が後を絶たない側面もある。

援交少女の多くが目指すのは、「できるだけ大きなカネを、いかに楽をして稼ぐか」というところに尽きる。そのために真っ当なバイトで汗水を垂らすのではなく、売春の道を選んだのだが、「楽に大金を」というのを極めるとなると、いずれカラダを売るよりも窃盗などの直接的でより悪質な犯罪行為にたどり着くのは、時間の問題なのだろう。

公然猥褻、性の切り売り、売春行為……と、何度も一線を越えてきた少女たちにとっては、人の財布に手を付けるなど大したハードルではないのかも知れない。

援交少女による窃盗は、客がシャワーを浴びている最中のほか、客がトイレへ入ったスキを狙って行われることも多い。

ほかにもバリエーションとして、「ラブホテルですると ホテル代がもったいないから」とか、「ラブホだと落ち着かないから」とかといった口実を付けて、「あなたの部屋でしましょう」と客の自宅へ上がり込むやり口もある。客が出張先で買春をする場合などには、ラブホテルへ入るのではなく、客の宿泊先であるビジネスホテルの部屋ですることもある。

それらの場合、財布の中のカネだけでなく、時計やカメラ、パソコンなどの家財や私物まで盗まれることもある。酷いケースでは、電気ポットや液晶テレビなど、ビジネスホテルの備品が盗まれ、その埋め合わせを客がさせられたという話まである。

こうなるともはや完全に泥棒以外の何者でもない。

後戻りできない児童買春者たち

悪質化した援交少女による危ないシノギ方でよく耳にする手口としては、ほかにもこんなものがある。

例えば、援交少女が「本番1回1万円」といったように、相場よりもかなり安い額で援交募集をかける。第4段階「援助交際の開始」のところでも述べたとおり、2016年の春の時点で相場はゴムあり性交が2万円、ゴムなしの生ハメなら3万円といったところ。「1発1万」という金額はそれを大きく下回るのだから、ペドフィリアが飛び付かないわけがない。

そうして群がってきた買春希望者の中からカモが選ばれ、少女とホテルへ入ることとなる……と、事件が起きる。

性行為が開始され、少女にキスをしようとしたり、衣服を脱がせようとしたり、あるいは乳房に触ろうとしたりすると、買春客はその都度「キスは別料金で５０００円です」、「服を脱ぐのは別料金で６０００円です」、「ブラジャーを取るのは別料金で８０００円です」、「胸に触るのは別料金で1万円です」……などと、追加の支払いを求められることとなる。

つまり、「1回1万円」に含まれる〝サービス〟は、あくまでも「ゴムありで膣挿入をして1回射精をすることだけ」で、「身体接触を含むそれ以外の行為はすべてオプションであり、やりたい場合は追加料金が必要である」と、少女は主張するわけである。

このオプション攻勢は、さらに「ショーツを脱ぐならいくらいくら」、「アソコを舐めたいならいくらいくら」、「手コキをするならいくらいくら」、「フェラをするならいくらいくら」……と、性交の全行程で逐一要求されることとなる。

多くの買春客は、これに怒ることとなる。が、抗議や返金の要求をしても、

「条件を納得できないのなら、交渉決裂でヤラずに帰ってもらうしかない」

「その場合も、一度受け取ったおカネは返さない」

「納得せずに暴力を振るったりするようなら、ホテルの近くで待機している〝仲間〟のケツ持ちを呼ぶ」

「警察を呼ぶなら呼んでもらってかまわない。こちらも警察に洗いざらいアナタの児童買春につ

いて話す用意がある」

……などと逆に脅されるだけ。

そうなると、もう「カネを返せ」と強くは言えず、かといって交渉決裂でそのまま帰れば〝手付け〟の1万円やホテル代が無駄になる。そのため、買春者の多くは性行為を続行するもの。

とはいえ、前戯もなしに着衣のままの少女に挿入するだけでは「味気ない」とも思うもの。ホテルへ入るまでの段階で、盛大に劣情を刺激されまくっているからだ。

結局は多くの買春客が、いきり立つ肉欲に押され、少女に要求されるがままにオプション代の支払いをして、フルコースでの性交に及ぶこととなる。……のだが、すると当然、支払い額が最終的に5万円を超えるなど、相場を大きく上回る額を搾り取られるハメになる。

児童買春という犯罪行為に手を出した罰と言ったらそれまでなのだが、それにしても買春者の心裏《しんり》に付け込んだ巧妙な手口と言える。

カネを手にしてバックレる

さて、目を離したスキに財布の中身を抜く手口も、ことあるごとに追加料金を要求して総支払い額を吊り上げる手口も、いずれも実は古今東西の違いなく、悪辣《あくらつ》な売春婦の間でしばしば行われているもの。

日本でも、前者は「枕荒らし」、後者は「タケノコ剥ぎ」と呼ばれ、江戸の遊郭時代から女郎や夜鷹といった遊女たちの間で行われてきた古典的な手口である。

つまり、年端もゆかぬ援交少女が、知ってか知らずか、悪質な売春婦と同じことをやっているわけである。

ただでさえ売春という違法行為に手を染めたうえで、さらに窃盗や詐欺の上塗りをする。しかも、密室で堂々と大人の男と対等以上に渡り合うという――。これを中高生の歳の少女がやってのけているかと思うと、そら恐ろしいものがある。

いや、援交少女たちが犯罪の上塗りをする手口は、これだけではない。

少女たちが手軽に手を染めがちなものとしては、ほかにも「先払い詐欺」というものがある。

彼女らがエロ写メやエッチ動画を売りさばく際や、使用済み下着などを郵送で売る際に、支払い方法としてＡｍａｚｏｎギフト券やｉＴｕｎｅｓカードをはじめとしたプリペイドカードが悪用されていることは、既に説明したとおり。

悪用される一番の理由は、メールやＳＮＳのダイレクトメッセージ、あるいはＬＩＮＥなどのメッセージアプリを通じて認証番号やＩＤをやり取りするだけで、実質的に金銭をやり取りできるから。手軽なのはもちろんのこと、売り手と買い手が顔を合わせたり、個人情報を不必要に開示したりせずに済むからだ。売り手にしろ買い手にしろ、後ろ暗いところのある者たちにとって、都合のよいシステムとも言える。

ギフト券のさらなる〝利便性〟

このプリペイドカードを使った売買手口は、援助交際の場面でもしばしば用いられるもの。

「当日のすっぽかしが怖いから1万円分だけでいいのでiTunesカードで前払いをお願いします」

「冷やかしバックレ対策のため 前払いのみ受け付けます」

援交少女によるツイッターのアカウントや出会い系の書き込みには、この手の文言が書き添えられていることも実に多い。

待ち合わせ場所までわざわざ出向いて、それですっぽかしを食らえば、労力や時間はもとより交通費も無駄になる。そこで、「本気でアタシを買う気があるなら、全額あるいは一部だけでも前払いをして、本気であることを証明してください」として、すっぽかしや冷やかしをふるいにかけるのだ。

……が、こうした援交における〝商習慣〟を、詐欺に利用する少女がいる。商談成立後、前払いをさせておいて、少女の方が客との約束をすっぽかし、前払い分の代金を詐取《さしゅ》するのである。前払い分を騙し取られた買春客にできることは、ここでもやはり泣き寝入りしかない。当然である。警察に泣きつけば、自分が18歳未満の子供とセックスをしようとしていたことがバレるからだ。

カモられたペドフィリアの中には、少女のＳＮＳアカウントやメッセージアプリの連絡先へ「カネを返せ！」と抗議をする者も多い。が、それにはまったく意味がない。メッセージは無視されるだけならまだマシで、入金をした次の瞬間、即座に客のアカウントがブロックされて、少女へ向けて送信することさえできなくなるのが大半だからだ。〝被害者〟は手を打つ術すら奪われるのだ。

いや、ペドフィリアの側も、それなりに対策は講じている。例えば、援垢少女がこの手の詐欺行為を繰り返していると、そのアカウントがロリコン買春者たちの間で拡散されるため、引っかかるカモも次第に減ってゆくもの。

しかし、少女たちも負けてはいない。カモを釣れなくなってきたなら、少女たちは使い古したアカウントを閉じて、新しいアカウントを作り直すだけ。新たな偽名と装いで出直せば、マヌケな児童買春者が、またダボハゼの如く入れ食いとなり、先払いとしてプリペイドカードの認証番号を次々と送って寄越すようになるという。

この手口でも、カモられた被害者は児童買春をしようとした自業自得の罰であり、同情の余地は微塵もない。……が、怖いのは少女たちの心の変化。

少女たちは詐欺行為を繰り返すうちに、感覚が麻痺し、金品を詐取するために人を陥《おとしい》れることに対して、何も感じなくなってゆく。身も心も犯罪者に染まるのだ。

「子供をおカネで買うからバチが当たるんだよ」

そうした〝正論〟を盾にして、少女たちは自らの行動を正当化し、嬉々として詐欺行為を繰り返すようになる。

ちなみに、この手の先払い詐欺には、より手軽にできる「招待詐欺」というものもある。

女子小中学生も気軽に詐欺

2016年の春の時点で盛んに行われているのが、〈メルカリ〉という個人売買サイトへの招待詐欺。

メルカリには「招待コード」というものがある。新規利用者がサイトへの登録時に、この招待コードを入力すると、招待された者（＝新規利用者）と招待した者（＝招待コードを発行した者）の両方へ、通常300円分のポイントが付与される。このシステムを利用してポイントを騙し取るのだ。

　具体的なやり口は、まず少女がツイッター上の自分の裏垢／エロ垢や援垢で、次のようなツイートをする。

「メルカリの招待を受けてくれたらアタシのＬＩＮＥのＩＤ教えます」

「メルカリの招待を受けてくれたらアタシのエッチな写メをあげます」

　少女のご機嫌取りも兼ねて話に乗ってきたペドフィリアが、少女からの招待を受けてサイトに登録をする。しかし、その後、いつまで経ってもご褒美のＩＤや写メが届くことはない。引っかかったカモが、少女へ問い合わせのメッセージを送っても、返事はない。ハメられたことに気付いて抗議をしても、当然の如くただ無視をされるだけ。さらにしつこく抗議をすれば、アカウントごとブロックされて、それでおしまい。メルカリに限らず、この手の招待詐欺は基本的にすべて、このような手順をたどることとなる。

　こうした招待詐欺の場合、詐取する額の低さもあってか、少女の側の罪の意識は極めて薄い。カモられた男たちも、騙された恥ずかしさに加え、盗られたものがポイントであって本来の自分の財産ではないこともあり、ネット上で愚痴を吐くようなことはあっても、最終的には泣き寝入りをするのがほとんど。

　このように手軽にできるうえ、逃げ切りやすくもあるために、小学生をも含む多くの少女が当たり前のように手を出して、味を占め、詐欺を常習している実態がある。

たかだか300円と侮ってはいけない。仕掛けている少女たちは、裏垢／エロ垢や援垢で裸体や性器の画像／動画と引き替えに、数千人から数万人という絶大なフォロワー数を獲得してきた者たちでもある。カモ1人につき300円でも、引っかかるカモの数も半端ではなく、詐取して溜め込むポイントは、トータルにするとバカにできない額となる。

メルカリのほか、近年、出会い系サイトや出会い系チャットでも招待制度を取り入れているところが増えているのだが、そうした出会い系では招待された者が新規登録をすると、招待した者へ1000円程度のポイントが付与されるケースが多い。そして、金額が高い分だけ、メルカリで味を占めた少女が、その後、出会い系招待詐欺や援交の先払い詐欺に〝ステップアップ〟してゆく例も少なくない。

とはいえ、問題は金額の多寡ではない。少女たちが「みんなもやっている当たり前のこと」、「できるんだから、やらなきゃ損」などと、平気で詐欺行為に手を出したり常習化したりする点が、招待詐欺の一番の問題と言えるだろう。

エスカレートする犯罪行為

援交少女たちが手を染める真性の犯罪行為には、ライトなものがある反面、より大胆で悪質なものもある。

大きなものとしては、次の３つ。

・抱き付きスリ
・美人局《つつもたせ》
・昏睡強盗

抱き付きスリとは、読んで字の如くターゲットに抱き付いて、相手の身体をまさぐるなどしている間に、財布やポケットの中身を抜き取る手口。

例えば、援交の商談が成立した後、待ち合わせ場所で初顔合わせをした際に、少女が客にいきなり抱き付く。

この事態に買春客は驚きはするが、大方の場合、盛大なボディタッチにむしろ気をよくするもの。「ノリのいい子だな」などとヤニ下がる客も少なくはないだろう。

……が、そうして意識を逸《そ》らされている間に、ポケットから財布や現金を抜かれることとなるわけだ。

戴くものを戴いて〝仕事〟が済んだら少女は一転、「急用ができたからホテルへは行けない。今日はそれを伝えに来ただけ」などの言葉を残して、そそくさとその場を立ち去ってゆく。そうして後へ残されたマヌケな買春者は、しばらくしてから金品を盗られたことに気付くこととなる。

この手口では、援交少女が仲間の少女と2人以上で連れ立って現れるケースもある。

複数犯で行う場合は、その中の1人が下着や胸元などをチラつかせるなどして買春者の気を惹き、そちらへカモが気を取られている間に、別の少女がスリをする。

ここまで来ると、もはやプロの手口そのものである。

〝証拠〟をネタに脅迫をする

美人局では、性行為に及ばんとする直前やその最中、あるいは終わった直後に突然、少女の彼氏や兄などと称するコワモテの男が現れて、「落とし前を付けろ」などと迫られ、まとまった額を要求されることとなる。

恐喝はホテルの一室で行われるほか、ホテルを少女と一緒に出たところで〝偶然〟男と出くわした例や、少女を連れ込んだ自宅へ突撃された例などもある。

当然のことながら、恐喝役の男は少女の手引きで現れたもの。ホテルなどへ入った際に、「友だちからメールが来てるから、ちょっと返事だけさせてもらうね」などと偽って少女が仲間にメールをし、居場所を詳細に知らせるわけだ。

ラブホテルを舞台に行われるケースであれば、途中から人が増えるのをホテルの従業員に不審に思われないよう、客がシャワーを浴びている最中などに少女がレセプションへ「後でもう１人来ます」などと電話を入れて、工作までするという。

また、ビジネスホテルや、アパートやマンションなどの買春客の自室を舞台とする場合には、入室直後にメールやメッセージアプリで恐喝仲間へ部屋番号を伝えておくのは当然のことながら、買春客の目を盗んであらかじめ玄関ドアの鍵を開けておくなどの下準備も怠らない。つまり、援交少女が恐喝グループと完全にグルだからこそできる手口と言える。

では、美人局にハメられると、その客はどうなるのか？

まず手持ちの現金がごっそり持って行かれるのは基本中の基本。そのうえで持ち金が充分ではないと判断されたら、銀行やコンビニのキャッシュディスペンサーへ連行されて、ＡＴＭカードやクレジットカードで「かなりのまとまった額」を引き出させられることとなる。

悲惨なケースでは、グループの男たちに取り囲まれながら消費者金融や闇金融の窓口へ引っ立てられて、限度額一杯まで借金をさせられ、そのカネで支払わされたケースもあるとか。

街金で摘ままされるケースでは、深夜で窓口が閉まっているなどした場合、開店までの間、ホテルの部屋でそのまま滞在延長をさせられたり、あるいは一味が事務所として使っている雑居ビルの一室や、一味が移動で使ったワンボックスカーの車内で、監禁されたりすることもあるとかないとか。

金融屋の窓口まで移動する暇があるのなら、その間に一味の目を盗んで警察へ駆け込んだり、110番通報したりすればいいのでは？　――そう思う読者もいるだろう。

しかし、この手の事犯では、仕掛ける側のグループが、援交の条件をすり合わせる商談のやり取りやピロートークで、住所や勤務先や家族関係など、買春者の個人情報をさり気なく聞き出していたり、あるいは買春者のシャワー中やトイレ中にケータイやスマホ、手帳などを盗み見て、情報を抜いておいたりもするという。

その場から逃げるだけでは意味がなく、むしろ下手に逃走を図れば、報復としてより厳しい制裁を加えられる可能性さえあるわけだ。

また、よりタチの悪いバックが一味に付いていた場合、児童買春の〝証拠〟として性行為を隠し撮りされ、それをネタに脅されるケースもある。

客がその場から逃げたり警察へ駆け込んだりするのを封じたうえで、多額の〝詫《わ》び料〟を素直に払わせられるよう、周到に外堀を埋めておくのだ。

「児童買春で逮捕されて実名入りの顔写真付きで全国ニュースになれば、社会的に抹殺されるのも同じ。それよりは百万円やそこらのゼニカネでカタが付くならマシでしょう？」

そのような文句で脅しをかければ、支払いを拒否する者はいないという。これもまたペドフィリアの心裏を巧みに突いた手口と言える。

そうして児童買春の〝証拠の品〟となる画像や動画、音声などを買い取らせることで、美人局グループは援デリの通常営業では到底及ばぬ大金を瞬時に手にするわけである。

集団暴行と強盗

……いや、もっとシンプルなやり口もある。

例えば、こう。

買春客が少女とアポを取り交わし、待ち合わせ場所へいそいそと出向く。そこで援交少女と顔合わせを果たし、いざラブホテルへ……となったところで、物陰から複数の男が現れる。男たちの手には、バットや鉄パイプ、バールや刃物といった凶器の数々……。

買春客は物騒な男連中に、あれよあれよという間に取り囲まれて、脅されたり足腰の立たなくなるまでボコボコにされたりした後に、身ぐるみを剥がされる――。

いわゆる「援交狩り」である。

これも酷いケースでは、所持金を奪われるだけでは済まされず、コンビニなどのATMへ引っ立てられて、貯金の引き出しやキャッシングまで強要されることもある。

このやり方であれば、外堀を埋めるための情報収集や上手くハメるための演技などの、まだるっこしいことをする必要がなく、ハメる側にとっては「面倒くさくなくていい」という。より楽に、より大きな額を手にしたい者たちにとっては、うってつけの手口と言えよう。

いや、手っ取り早く大金を手に入れられるだけではない。徒党を組んでの暴力行為には、それ自体が日頃の鬱憤《うっぷん》晴《ば》らしにもなるというオマケまで付いてくる。

加えて、1人に対する複数人での奇襲攻撃という圧倒的に優位な立場からの暴力は、集団心理も働いて、どうしても苛烈なものとなりやすい。

それ故に、ターゲットとなった買春者には、ときに深刻な心身へのダメージが残ることにもなるだろう。

それでも美人局の一味にとっては、買春者がゼニカネだけの被害で済むのか、それとも身体的な被害も負うのかにさしたる違いはなく、また、いずれにしても〝被害者〟はほとんどの場合、ここでも泣き寝入りせざるを得ないもの。

永遠に醒めない眠り

そして、昏睡強盗。

性行為の前後というものは、とかくノドが渇くもの。そこに付け込み、援交少女が客の男に飲み物を手渡して飲ませる。すると、その飲み物の中に睡眠導入剤が仕込まれていて、買春客は深い眠りに落ち……、気付くと金品を盗られているというものである。

この手口は、２０１５年の夏に仙台で、出会い系で知り合った複数の男に対して、同様の手口を使って窃盗を働いていた女が逮捕されたニュースが大きく報じられたので、ご存知の読者も多いだろう。

この種の手口では、睡眠導入剤はグラスのドリンクに混入されるほか、あらかじめペットボトルのドリンクや持参の食べ物に入れられていることもある。また、プレイの一環として口移しで飲まされる飲み物や、少女の唾液に溶かし込まれていた例もある。

いずれの場合も、客の男は多少の異変を感じ取っても、吐き出すと少女に悪いと思って飲み込んだり、人によってはむしろノリノリで飲み込んだりもするもの。そうなればやる方としてはシメたもので、買春男が眠りから目覚めたときには窃盗被害者の一丁上がり、である。

……いや、目が覚めるなら、まだマシである。

仕込まれた薬物の量が多すぎて重篤《じゅうとく》な昏睡状態に陥ったり、あるいは昏睡中に嘔吐して吐瀉物《としゃぶつ》を気管に詰まらせ窒息したりして、被害者が帰らぬ人となる可能性もある。

それでも、少女にとっては客の生死や後遺症など、まったくもって興味のないこと。命の危険など考えることもなく、〝使える〟手ならば躊躇なく使ってしまうのが現実である。

果ては殺人・死体遺棄まで

援交がらみで命に関わる犯罪と言えば、ほかに暴行・傷害による殺人の事例もある。

援交少女が援デリ集団を形成する場合、少女の一人が女衒と化して、仲間の援交少女を管理し、搾取するようになることは、前章でも説明したとおり。もちろん、少女たちにそうするメリットがあるからこそ、そうしたシステムが成り立つわけだが、しかし、歪んだ集団行動は長続きするはずもない。

特に、仲介マージンを多額に取られるなどの苛烈な搾取をされたり、あまりにもオイシくない客ばかりを振られたりという状況が続いていると、管理される側の少女たちから、当然の如く、強い不満が出るようになる。

取り分の分配率に対する不満、その援デリ集団からの脱退、あるいは援助交際そのものからの引退……。そうしたことを発端として、内輪揉めや仲間割れ、グループ内でのイジメなどがしばしば起こる。

元締めとなった少女や、バックでケツ持ちをする者（多くは本職のヤクザや、それに近い裏社会の住人）にとっては、ギャラの増額要求や足抜けは、運営本部の利益の目減りやグループ全体のシノギの縮小化に直結するため、極めて受け入れがたいもの。また、そうした要求を易々と認めてしまうと、ほかの援交少女に対して示しがつかなくなり、援デリ集団全体の〝秩序〟を揺るがすことにもなりかねないので、どうしても制裁の対象となる。

そうして行われるリンチは、分別の足りない援交少女らのすることゆえ、節度とは無縁の激しいものとなりがちで、その結果、最悪の場合は殺人事件や死体遺棄事件にまで及ぶこともある。例えば、かつて中国地方の某所で起きた女子高生に対する集団暴行殺人事件も、こうした援デリ集団からの足抜け問題を背景に起きたものとされている。

＊

女子中高生が詐欺や強盗に手を染める――ましてや暴力事件や人殺しといった重罪を犯すなど、極めて特殊な例だと思うかも知れない。身の回りに性的逸脱行為に走る少女がいない（と思っている）人や、売買春とは縁のない人となれば、なおのことそう思うだろう。

しかし、これは決して対岸の火事ではない。ツイッターという誰もが便利に使えるネットツールをきっかけに、少しずつ少しずつ社会規範からはみ出してゆくその先に、地続きで存在するものなのである。

いつもよりちょっとだけムラムラする夜に、性欲に押されて、つい自らの裸体や局部を自撮りして、それをネットへアップロードする——それが癖になってしまえば、その先にこうした犯罪を犯しかねない落とし穴が、ぽっかりと大きく口を開けて待ち構えているのだ。

自らの裸体や性器や性行為を換金することを覚えてしまえば、なおさらである。

「少しでも楽をして、より手っ取り早く、できるだけ大きなおカネを手にしたい」

そんなあられもない望みを追い求めながら、性的逸脱行為を繰り返してきた成れの果てが、詐欺犯や強盗犯、暴行犯や殺人犯という姿なのである。

それでは、そこまで堕しきった少女たちの行き着く果ては……？

——そこには身の毛もよだつ現実が待ち受けている。

【最終段階】その先にあるもの

かつての援交少女たちは今……

「先週まで山形に行ってたんだよね。山形のホテヘルで2週間の約束で働いてたんだよ」

そう語るのは、マヤ、27歳。

脂っ気の抜けきったロングの金髪に、粉っぽい厚化粧。身にまとうのは部屋着のような、てろんてろんのワンピース。

「出稼ぎはマジで稼げるよ。山形も2週間で60万もらったし」

メンソールのニオイのするタバコを半分も吸わずに火を揉み消しては、すぐまた次の1本を出して、火を付けながら話をするマヤ。

「都会よりマイナーな田舎の方が稼げるんだよね。ほら、田舎ってブスが多いから。だから、ほかのとこから来ると稼がせてくれるんだよ。こっちが『稼ぎたいから頑張る』っていうのを伝えれば、お店も客を付けてくれるし。でも、オープンラストで1日に7～8人も客を付けられて、アソコがすんげー痛くなったりするんだけどねー」

そう言って苦笑するマヤの職業は、流れの性風俗嬢。特定の店に籍を置くのではなく、ブローカーからお声がかかる都度、仕事を求めてその土地へ行き、1～2週間からせいぜい1～2カ月の短期で働く。まとまったカネが手元にできたら、地元へ戻ってぶらぶらと過ごし、持ち金が尽きたら、またどこかの土地でカラダを売って生活費と遊び金を作る。

「もういい加減、フーゾクの仕事は足を洗いたいんだけどね。本音を言うなら、まともな仕事に就きたいよね。もう夜の世界でしか生きてけないとは思うけど。だから、おカネを貯めてデリの経営をしたいなとかは考えるよ。まあ、親の気持ちを考えると、デリの経営ってのはあんまりだろ、とかも思うけどね」

マヤの風俗勤務歴は、もうすぐ10年。

「フーゾクは高校を卒業して、すぐ始めたからね。最初はデリヘルで1年か1年半はやったかな？　その次はソープで半年働いて……。けど長続きしないんだよね。どうしてもお店を転々としちゃう。その方が人間関係なんかで気をつかわないから気楽だし」

そんな彼女は、元援交少女。つまり、このマヤの姿は、援交少女の成れの果てなのである。

＊

援助交際をしている女子中高生の取材をすると、少女たちの多くが判で押したように同じ言葉を口にする。

「売りをするのは今のうちだけ」

「卒業したら援交は辞める」

しかし、現実はまったく違う。

大学や専門学校へ進学しても、あるいは就職をして社会へ出ても、多くが引き続き援交という売春を行うもの。いや、続けるどころの話ではない。学業や仕事をほっぽり出して、売春を軸とした生活を送るようになる者さえ少なからずいる。

仕方のないことだろう。わずか30～40分の間、心を無にして股を開いているだけで、数万円ものカネを手にしてきた彼女たちである。楽を極めて大金を手にすることに味を占めた元援交少女たちに、今さら辛い勉強や労働に身を入れろというのが無理な話に違いない。

結局は、高校卒業を機に引退宣言をしても、すぐに援助交際市場へと舞い戻ることとなり、そうして気付けばカラダを売るのが本業となっているのである。

ちょっとした遊びや小遣い稼ぎのつもりで始めたことが、一生モノの〝生業《なりわい》〟となり、押しも押されぬ売春婦として、この先を生き続けることとなるのだ。

いや、それでもマヤのようにお声がかかって客が付くなら、まだマシな方なのかも知れない。

フーゾク店勤務さえ長続きせず

「ぶっちゃけ最近はぜんぜん稼げてないよね。いっつも金欠でマジでヤバいよ」

そう愚痴るのは、ケイ子、自称37歳。仕事はフリーの売春婦。――つまり、この歳でまだ援助交際を続けているのだ。

そんなケイ子の援交歴は、実に20年にも及ぶという。

「昔はよかったけどね。1回で2~3万とか当たり前だったたし、テレクラとか出会い茶屋なんかに行けば相手もすぐ見つかったたし。でも今はダメだね。高額を出せる客がいなくなったから。だから売りをしててもオイシイことなんてなくなったよ」

ケイ子の売り値は、しばらく前からショート1回で1万から1万5000円という。それでも、なかなか客は捕まらない。

「ほら、最近の男ってみんな、おカネ持ってないでしょ? 不景気だから仕方ないかも知んないけどさぁ……」

ツイッターでも援垢を開設してみたが、ダイレクトメッセージで届くのは罵倒《ばとう》ばかりで仕事にならず、今はアカウントを放置していてチェックすら一切していないという。

当然だろう。赤毛に近い色をしたパサパサの茶髪は完全にプリン状態で、その下の顔は粉っぽく厚塗りをしたファンデーションでも隠しきれない肌のくすみとシワだらけ。ケイ子は、まさに「オバサン」である。

そんなケイ子も援交黎明期《れいめいき》には、女子高生として渋谷のデートクラブなどで客を引き、セックスで荒稼ぎをしていた口。高校を卒業後、就職をしてOLになったが、定石どおり長続きせず、お水を皮切りに夜の仕事を始め、そのうち風俗嬢にもなったという。

「でも店って縛りがキツいっしょ? 遅刻したら罰金なんかも取られるし、いちいち『あれやるな、これはダメ』とかってうるさいし。だから、あたしには自分で援交してるのが性に合ってるんだよね」

そのようにして夜の街で働いたり働かなかったりしながら、この20年を過ごしてきたという。そして、その間も常にフトコロ具合が寂しくなれば、出会い系などで個人的に客を探して、売春行為で稼いできたという。

しかし、それだけの経歴があるのなら、今の女子中高生がいくらでセックスを売っているのかも知っていそうなものだが……、ケイ子は単に自分が売れないだけとは、これっぽっちも思ってはいないようである。

確かに受け入れがたいことだろう。もう自分が売り物にはなりにくいという現実は。

しかし、若さだけに頼ってシノいできた者が、若さを失えばこうなるのも至極当然の成り行きである。

——そして、これが我が世の春を謳歌してきた援交少女の、一つの終着点なのである。

決してマヤやケイ子が特殊な例というわけではない。アラサーやアラフォーになりながらも、まだ「援交募集」をかけているような女性には、こうした事例が非常に多い。

若さを失い、商品価値がゼロへと近づく容赦のない現実を前にしてもなお、売りから足を洗えずに、「今だけ」、「あと少しだけ」と繰り返しながら、ずるずると売春行為を続けるのである。援交少女の残骸である。

群がる男に高値を付けられ、その中から「オイシイの」だけを選り分けて、ちやほやされながら抱かれることで、高額のギャラを手にしてきた少女たち。彼女たちは若さというほとんど唯一のセールスポイントを失っても、〝過去の栄光〟にしがみつき、再びの高額取り引きを夢見ながら、いつまでもズルズルと売春行為を続けるのである。

男性嫌悪と自己嫌悪

いや、もちろん中には売春から足を洗う者もいる。

しかし、そうした元援交少女たちも、無傷でいられるはずはない。

援交を通じて裏社会へ足を踏み入れ、その筋の人々との関わり合いを持ったり、不法行為に対する忌避感を鈍磨させたりすることで、その後、ドラッグの密売に関わって逮捕され、犯罪者の烙印《らくいん》を押された者もいれば、管理売春を通じて知り合った暴力団関係者の情婦となった者もいる。

そこまでわかりやすいケースでなくとも、例えば、器用に大学生やＯＬとなって表面上は社会復帰できた少女でも、度重なる売春行為で染みついた「男を値踏みする癖」や、付きまとう「男性嫌悪」に苦しめられる者は多い。彼氏や夫、さらには自分の生んだ子供に対して、どうしても罪悪感や引け目を感じてしまい、しかし、それをどうすることもできずに苦しんでいる者も少なくない。

「ロリコンのおっさんに舐められたり、触られたり、挿《い》れられたりしてたんだと思うと辛いです。もし今の彼氏が同じようなことをしてきたとしたらすごい嫌だし。だから本当は、汚れたカラダの自分には彼氏と付き合う資格なんてないんだと思う……」

現在20代になっている元援交少女のこの言葉が、その典型だろう。分不相応な金品や評価を得てきた分だけ、少女たちは確実にそれに相応する何かを失う。

それでは、少女たちがこのようにならないためには、どうすればよいのだろうか？

自分の友人や彼女や娘が売春に手を染めたり、いい大人になってもそれを続けたりするのを、未然に防ぐ手立てはないのか？

――あるとすれば、それは「見つけ次第きちんと摘発し、きっちり処罰してあげること」ではないだろうか。

本当に少女は被害者なのか？

事件や社会問題が発生し、そこに女性が絡んでいると、その女性が無条件で被害者扱いされることは少なくない。特に女性が18歳未満の場合、そうなることが圧倒的に多い。

しかし、裏垢／エロ垢やエロ写メ売り、使用済み下着売り、そして援助交際といった場面では、本当に少女たちを被害者と呼んでしまってよいのだろうか？

被害者扱いするのではなく、摘発し処罰することで、「あなたのしたことは悪いことなのですよ」としっかり教えてあげることが大切なのではないだろうか。

罰を与えられないどころか、被害者扱いで甘やかされれば、無分別な子供だけに、自分が罪を犯したという認識もできないだろう。そして、「自分は悪くない」ということになれば、何度でも同じ過ちを繰り返し、〝犯行〟を重ねることで悪質化するのも、当然の帰結と言えるだろう。

現状では、法律をはじめとした社会全体で少女たちを過保護にし、腫れ物扱いをすることで増長させ、そのせいでかえって道を大きく踏み外させている一面があるとは言えないだろうか。

適切かつ厳しく処罰することで、悪いことは悪いと教えてあげる――これも社会や大人の大切な役目に違いない。公然猥褻や売春をする者は――それが少女であろうとも――きちんと逮捕してあげて、法で裁いてあげることが必要だろう。少女にちょっかいやカネを出す児童性愛者たちを摘発し、厳しく処罰するのは当然のことだが、公然猥褻や売春の罪を犯した少女の側も、きっちり処罰してあげるのだ。

使い古された言葉で言えば、愛の鞭《むち》というやつである。取り締まってあげるのも愛情である。法律をもって、しっかり叱ってあげるのだ。

児童買春・児童ポルノ禁止法や、各自治体で施行されているいわゆる淫行条例は、今〝もう一つの少年法〟となってしまってはいないだろうか。これらも少年法と同様、法改正も視野に入れ、踏み込んだ議論が必要なのではないだろうか。

本来、事態がそこまで大きくなる前に、一番の抑止力となるべきは親の存在に違いない。

しかし、性的逸脱行為を繰り返す少女の親には、ネグレクト傾向を強く匂わせる者や、表面上は過干渉なわりに根っこでは子供に無関心な者が少なくないように思われる。

「子供に嫌われたくないから」と、子供の顔色をうかがって、まともに叱ることのできない親も少なくない。忙しさにかまけて、つい問題を放置しているケースも見受けられる。それどころか、実の子のことにもかかわらず、「面倒なことにはできるだけ関わり合いになりたくない」という親さえもいる。

そうでなくとも、子供のセックスに向き合うことができずに、つい見て見ぬふりをしてしまう親もいるだろう。「ウチは子供を信じている」とか「子供の自主性にまかせている」とかという便利な言い訳もある。

しかし、子供たちはそうした親の甘さを機敏に感じ取り、スキを突いて逸脱行為を楽しむもの。

あなたの娘や彼女は大丈夫ですか？

例えば、ある日のある小学生女児の裏垢に、こんなツイートがある。

「この垢はお母さんのiＰａｄでやってるんだけど　お母さんが6時にパートから帰ってくるから夜まではできません」

「お母さんが帰ってきたらiＰａｄ返さないとダメだから　エッチ画像のアップは5時に終わりますね」

「でも明日学校から帰ったら続きをやるから　フォロワーのみんなはそれまでリクエスト入れといて！」

親のタブレットを使ってツイートされた言葉たちには、無毛の陰部を嬉々として指で広げる少女の画像が何枚も貼り付けられている始末。

別の子の裏垢／エロ垢では、こんなつぶやきも見られる。

「親にバレちゃったから　しばらくエロ垢できません　低浮上になるけどみんな待っててね」

「親に見つかっちゃったからアカ作り直すまでちょっと待っててー」

そして、そうした予告ツイートのとおり、数週間もすると再びそのアカウントには過激な児童ポルノが貼り付けられることとなる。

親が子供の逸脱を見つけるまではできたとしても、〝再犯〟は防止できていないのだ。子供をしっかり叱り付け、納得させることができなければ、いずれは、

「やったー！　新記録！　前に5本 後ろに2本入ったよー！」

とか、

「アソコにペンが8本入りました！　あたしの新記録だよw　勃起したフォロワーさんはリツイート！」

とかと、全世界の児童性愛者へ向けて、ノーカットの画像や動画を公開しまくるボランティアストリッパーやボランティアAV女優となり、さらにエスカレートしてゆけば、売春婦や犯罪者にまで成り果てるのである。

少女たちが上っ面のちやほやや目先の小遣い欲しさに簡易娼婦となることなく、健やかな心と価値観を育《はぐく》みながら成人を迎えられる――そんな社会に立て直すには、一連の少女たちの犯罪的な性的逸脱問題を、社会全体でより一層注視し、真っ正面からの議論を重ねることが今、強く求められる。

著者紹介
石原行雄（いしはら・ゆきお）
文筆業。ノンフィクションを中心に執筆。
売買春、麻薬密造、自殺、戦場……と、命を作る現場から命が消える現場まで、数々の突撃／潜入取材を敢行。海外ネタにも強く、チベット、ミャンマー、空爆下のアフガン国境、津波被災後のスマトラ島など、40カ国超に取材。
著書に『アウトローたちの履歴書』、『ヤバい現場に取材に行ってきた！』、『客には絶対聞かせられない キャバクラ経営者のぶっちゃけ話』（いずれも彩図社刊）など多数。ほか、テレビ／ラジオではコメンテーターとしても活躍中。

公式サイト　http://www008.upp.so-net.ne.jp/ishihara-yukio/

少女たちの裏稼業

～性の切り売りをする女子児童たち～

平成28年10月21日　第1刷

著　者　　石原行雄

発行人　　山田有司

発行所　　株式会社　彩図社
東京都豊島区南大塚3-24-4
MTビル　〒170-0005
TEL：03-5985-8213　FAX：03-5985-8224

印刷所　　シナノ印刷株式会社

URL http://www.saiz.co.jp　Twitter https://twitter.com/saiz_sha

ISBN978-4-8013-0181-8 C0095

社会の裏を覗き見る

彩図社・石原行雄の本

アウトローたちの履歴書

石原行雄　文庫版　定価：本体590円＋税

世の中には、世間一般の常識が通用しない世界で生きる者がいる。なぜ彼らは、規格外の生き方を選ぶのか。その人生に行き着くまでにはどんな葛藤があったのか。本書はそんな規格外のアウトローに焦点をあて、その生き様に迫った一冊である。右翼団体の構成員、チンピラ、ゴミ屋敷の主人、ドラッグの密売人、戦場記者、覚醒剤中毒者など、取り上げたのは20人にものぼる。彼らの本能に突き動かされる生き様をとくとご覧あれ……。

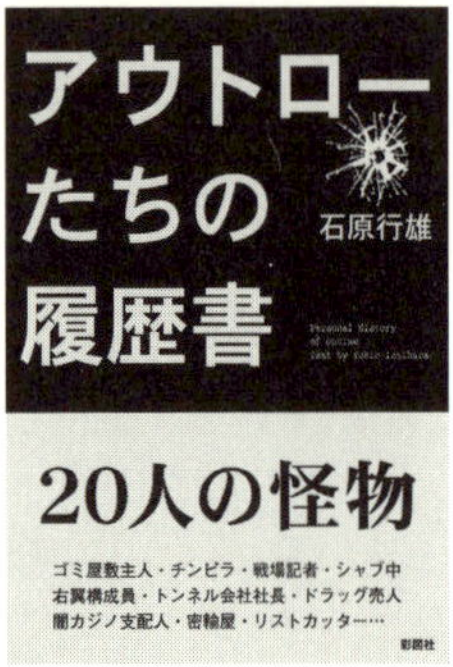

客には絶対聞かせられない

キャバクラ経営者のぶっちゃけ話

A・ウエスギ／石原行雄
文庫版　定価：本体590円＋税

きらびやかなキャバクラの世界も、ひと皮剥けば、どす黒い「裏の世界」が広がっている。人気キャバクラ嬢の恐るべき〝口の中〟、食品偽装の実態、フルーツ盛り合わせ〝高値〟の謎、みかじめ料集金の最新手口、究極のキャスト操縦術……。現役のキャバクラ経営者が明かす、客には絶対に聞かせられない「キャバクラのヤバすぎる話」。あなただけにお聞かせします。

ヤバい現場に取材に行ってきた！

石原行雄　文庫版　定価：本体648円＋税

一般人ならば二の足を踏む場所にも潜入し、雑誌や書籍などに記事を書く取材記者。彼らは危険と隣り合わせの「現場」で何を見て、何を感じているのか？　銃弾飛び交うイラクで命を縮め、悪名高き児童売春村で戦慄し、限界を超えたゴミ屋敷で人生を諭し、大麻マンションで未来を憂う。ベテラン取材記者が軽妙な筆致で紡ぐ〝ヤバい〟現場の〝危ない〟ルポルタージュ！